地方自治ジャーナルブックレット No.64

自治体学とはどのような学か

〈著〉……森 啓

公人の友社

目 次

目　次

まえがき

自治体学会が横浜で設立されて三十年の歳月が経過した。

だが「自治体学とは何か」の了解が普及しているとは言えない。自治体学会の会員にも明晰な概念認識があると言えないのではあるまいか。

自治体学の了解認識が普及しないのは、現在日本の憲法学、政治学、行政学、行政法学の大勢が「国家統治の国家学」だからである。

国家学は「国家」を統治主体と擬制する。しかし、その「国家の観念」は曖昧である。国家を「国民・領土・統治権」と説明するが、その「国家三要素説」なるものは、性質の異なる（団体概念）と（機構概念）をないまぜにした曖昧な説明である。

さらにまた、国家学は「事象を事後的に客観的・実証的に分析する説明学」である。

自治体学は「課題は何か、解決方策は何かを解明し考案する現場の実践学」である。

自治体学は実践の言語叙述であるから、自治体学の了解認識には自身の実践体験が必要である。

本書刊行第一の趣意は「自治体学とはどのような学であるか」を提示することにある。

自治基本条例が自治体の憲法であると説明されて全国に広がった。だが役立っている基本条例は無い。なぜであろうか。

役立たないのは「首長と議会」だけで制定するからである。自治基本条例の「最高規範としての効力」を担保するのは「市民の規範意識」である。市民が制定に関わらなければ「最高規範意識」は地域社会に醸成されない。だから役立たないのである。

自由民主党は「ちょっと待て　自治基本条例」のバンフ（10頁）を作成しインターネットに掲載した。一読すれば「国家統治の観念」が現在も強固に存続していることが判る。

現在日本には「国家」と「統治」の論調が勢いを盛り返し、明治憲法への郷愁すらも蠢いている。教育基本法の廃止に続いて、憲法の根本原理を変更し立憲政治をも否認する言説を首相が国会で言明する事態にある。

しかしながら、国民は国家に統治される被治者ではない。民主主義は「国家の統治」でなく「市民の自治」である。政府の権限は選挙によって国民から信託された権限である。

本書刊行の第二の趣意は、これら事態を自治体学の視座で吟味することにある。

本書は、自治体学が民主政治の理論であることを論述し、自治基本条例が役に立たないのは制定手続きに問題があると論証した。さらに、代表民主制度の形骸化を招いている政治不信・議会不信・行政不信を打開するため「市民政治」「市民議会」「市民行政」への道筋を提起した。

次いで、自治の現場における筆者の実践を記述して「実践学である自治体学の内容」を明示した。そして終章に、設立30周年を迎えている自治体学会のさらなる展開を念じ所見を述べた。本書が自治体学と自治体学会の進展に何らかの役に立つならば幸甚である。

本書刊行にご配意を頂いた（株）公人の友社・武内英晴社長に感謝の意を表したい

２０１４年５月１日

森　啓

第1章　自治体学の概念

自治体学とは、国家学の「国家統治の観念」に「市民自治の理念」を対置して、国家を統治主体と擬制する国家学を克服する学である。

1　国家学と自治体学

国家学の「国家」は曖昧な二重概念である。国家を「国民・領土・統治権」と説明するが、その「国家三要素説」なるものは、性質の異なる（団体概念）と（機構概念）をないまぜにした説明である。「国家」は、政府、官僚、議員など権力の場に在る人達の「権力行使の隠れ蓑」の言葉である。少し注意してそれら権力者の言動を観察すれば「国民主権」を「国家主権」と巧みに（狡猾に）言い換える場面を目撃するであろう。

権力の場に在る人たちには、国家が統治主体であり国民は被治者であるの観念が抜き難く存在する。

統治支配がやり易いからである。

現在日本の憲法学、政治学、行政学、行政法学の大勢は「国家統治の国家学」である。例えば、国家試験で憲法学の最適教科書と評される芦部信喜「憲法」（岩波書店）の第一頁第一行は「国家統治」であり「国家三要素説」であり「国家法人理論」である。国家法人理論は「国民主権」と「国家主権」を曖昧に混同させる理論である。

そして、議員と官僚は「国家観念」を言説し、「政治主体である市民」を「国家統治の客体」に置き換え、「国家」を隠れ蓑にして統治論理を振り回すのである。

「国民」を「国家」に包含させるから（国家三要素説）、「国家の責任」は「国民自身の責任」のようになって、国民の「政府責任」「官僚責任」追及の矛先をはぐらかすのである。

自治体学は「国家」を「市民と政府」に分解して「市民と政府の理論」を構成する。すなわち、市民が政府を「構成し制御し交代させる」のである。民主主義の政治理論は「市民と政府の理論」「政府制御の理論」「政府交代の理論」でなくてはならない。

（国民は「国家の国民」になるからなるべく使わないのがよい）。

市民は国家に統治される被治者ではない。民主主義は「国家の統治」ではなくて「市民の自治」である。

国家学は「国家統治の国家法人理論」である。

自治体学は「市民自治の政府信託理論」である。

2 市民自治

市民自治とは「市民が公共社会の主体であり、公共社会を管理するために政府をつくる」という意味である。

「市民自治」の意味を理解するには、「国家統治」に対する自身の所見が明瞭でなければならない。例えば「自治とは自己統治のことである」と説明されているが、「統治」とは「統治者と被治者」を前提にした支配の観念である。「自治」を説明するときに「統治」の言葉を用いるのは、「統治」に対置した「自治」の規範意味を理解していないのである。

市民自治を要綱的に説明すれば

① 市民は公共社会を管理するために政府（首長と議会）を選出して代表権限を信託する。選挙は信頼委託契約であって白紙委任ではない。政府の権限は信託された範囲内での権限である。

② 市民は政府の権限を市民活動によって日常的に制御する。全有権者投票は政府の代表権限を正常な軌道に戻らせる市民の制御活動である。（「住民投票」の言葉には「国家学の貶め」が付き纏っているので「全有権者投票」の用語が良い）

③ 市民は代表権限の行使運営が信頼委託の範囲を著しく逸脱したときには「信託解除権」を発動する。信託解除とは解職または選挙である。

（自治体学理論は「新自治体学入門」時事通信社に記述した）

3　信託理論

選挙の翌日に、市民は「陳情請願の立場」に逆転し、議員は白紙委任の如く身勝手にふるまい、代表民主制度が形骸化し政治不信が増大する。

しかしながら、選挙は「白紙委任」ではないのである。選挙は代表権限の「信託契約」である。代表権限の身勝手な行使運営は「信託契約違反」である。そして信託契約の著しい逸脱には信託解除権の発動となる。

主権者は国民であって国家ではない。政府と議会の権限は選挙によって国民が信託した権限である。

4　実践理論

理論には「説明理論」と「実践理論」の二つがある。

「説明理論」とは、事象を事後的に客観的・実証的・分析的に考察して説明する理論である。

「実践理論」は未来に向かって課題を設定し解決方策を考え出す理論である。

実践理論は「何が課題で何が解決策であるか」を言葉で述べる。「言葉で述べる」とは「経験的直観を言語化する」ことである。歴史の一回性である実践を言語叙述することによって普遍認識に至るのである。

「経験的直観の言語化」は、困難を覚悟して一歩前に出た実践によって可能となる。大勢順応の自己保身者には経験的直観を言語化することはできない。人は体験しないことは分らないのである。「一歩踏み出した実践」による「自身の変革」なくして「課題と方策の言語叙述」はできない。

「実践」と「認識」は相関するのである。

5 「知っている」と「分かっている」

「知識として知っている」と「本当に分かっている」は同じでない。

「知識としての自治体理論」では「実践の場面」で役に立たない。

それでは、「知っている」が「分かっている」に転ずるのは、如何なる「すじみち」であろうか。

社会生活の場で一歩踏み出せば「困難・嫉妬・非難」に遭遇する。現状の継続に利益を得る陣営からの反撃に遭遇する。不利になり辛い立場になるから多くの人は「大勢順応」になり「状況追随思考」になる。だがしかし、一歩踏み出せば「壁を破って真相を見る」の体験をする。

その体験が「分かる」に至る「すじみち」である。

知っている人と、分かっている人の違いは、「一歩前に出た体験」の違いである。「人は経験に学ぶ」という格言の意味は、一歩踏み出し困難に遭遇して「経験的直観」を自身のものにすることである。

「分かる」とは実践を経て獲得した認識のことである。経験的直観とは「実践の概念認識」である。

６　自由民主党の政策パンフ

自治基本条例制定の急速な広がりに対して、自由民主党は「ちょっと待て！自治基本条例（10頁のパンフ）」を、インターネットに掲載した。下村博文（文部科学相）も自身のブログに「自治基本条例の批判」を掲載した。これに随伴して、自治基本条例を非難攻撃する言説がインターネット（自治基本条例サイト）に溢れている。現在日本には「国家」と「統治」の言葉が勢いを盛り返し、明治憲法をも郷愁する保守思想が広がっているのである。

そこで、ＮＰＯ法人自治体政策研究所は「政治不信の解消策を探る」の公開研究討論会を２０１３年10月５日、北海学園大学で開催した。

討論会の論点は二つであった。

１　代表権限逸脱を制御する自治基本条例の有効性

２　自由民主党政務調査会の「ちょっと待て！自治基本条例」の問題性

http://www.jimin.jp/policy/pamphlet/pdf/jichikihonjyourei_01.pdf

研究会討論は、「政府信託理論」「国民主権と国家主権」「自治体の権限範囲」などの自治体学理論に関わる内容であったので、当日の論議を基にして筆者の所見を此処に記述する。

(1) 信託理論

自民党の「ちょっと待て、自治基本条例」の三頁には、「信託理論では、自治体の権限も財源も、議会も行政も、市民の言いたい放題になって、収拾がつかなくなる危険性があります」と書いてある。なぜ、信託理論だと「議会も行政も法的根拠が不要になり市民の言いたい放題になるのか」の説明の無い非論理的な文章である。

自民党の見解は、憲法前文「そもそも国政は、国民の厳粛な信託によるものであって、その権威は国民に由来し…」を否認する見解である。「民主政治の基本原理である信託理論」を否定する考え方である。

政治不信が増大しているのは「当選すれば白紙委任の如く身勝手に言動するから」である。

信託理論は「その身勝手な言動を背信である」とする理論である。

自民党のパンフは、議会と行政の権限は「市民の信託」ではなくて「地方自治法」が根拠であると書いているが、その地方自治法は、国民の信託によって制定されて効力を有するのである。議会と行政の権限は「国民の信託」による権限である。政府信託理論が民主主義の理論である。（これくらいのことも分からないのであろうか）

(2)自治体の権限

四頁には、「自治体が法律を勝手に解釈することはできません」と書いてある。

自民党の橋本竜太郎内閣のとき、菅直人議員が国会で、「憲法65条の内閣の行政権限は（どこからどこまでか）と質問した。

「内閣の（つまり国の）行政権限は憲法第八章の地方公共団体の権限を除いたものです」と、内閣法制局長官が総理大臣に代わって答弁した。これが公式政府答弁である。そして独自の行政を行うに必要な法規範をすなわち、自治体は独自の行政権限を有しているのである。自治体は国の法律を解釈する権限をも有している制定する権限を憲法によって保持しているのである。自治体は国の法律を解釈する権限をも有しているのである。自民党政務調査会の方々は、法律の解釈権限は国家（官僚）だけであると主張するのであろうか。それは世界の潮流に逆行する時代錯誤の法論理である。「統治集権」から「自治分権」へは世界の潮流である。

「国家（官僚）の解釈」と「自治体の解釈」が齟齬するときには、司法の場で決着するのである。これを司法国家というのである。

「地域社会の重大問題」を、地域の人々が「規範を定めて遵守する」のが民主主義である。

自民党パンフの執筆者は、「自治法がそれを認めているか」と非難するが、非難するその論理が「国家主権の統治理論」であるのだ。自治体権限の法的根拠は地方自治法ではない。憲法である。

(3) 国民主権と国家主権

五頁の（２項）には、憲法は「国民主権」を高らかに謳っている。「市民主権」や「地域主権」などの言葉は曖昧な政治用語であるから「条例の文言に使用すべきではない」と書いてある。

それではお訊ねしたい。

自民党は「国民主権」を言うけれども、自民党の正体は「国民主権」ではなくて「国家主権」である。

そうではないと言うのなら、「国民主権」と「国家主権」の違いを明瞭に述べてみよ。意図的に混同してはならないのである。

条例文言に「市民主権」の言葉は使用すべきでないと言うのならば、「国民」と「市民」の違いを明晰に説明してみよ、とお尋ねしたい。

さてそこで、

国家とは「領土・国民・統治権」であるとの「国家三要素説」が明治憲法時代から続いてきた。そのため、「国民」の言葉には「国家の一要素」のイメージが染込んでいる。だから「国民」の言葉はなるべく使わないのがよいのである。権力の座に居る人達が、「国民主権」を「国家主権」に巧みに（狡猾に）言い換えるからである。

国家三要素説は性質の異なる（団体概念）と（機構概念）をないまぜにした曖昧な説明である。

「天皇主権（国家主権）の明治憲法」と「国民主権の現在の憲法」とは原理が異なる。

「市民主権」のことばに反感を抱くのは、明治憲法を郷愁する「国家主権」の人たちである。

このパンフを作成した自民党政務調査会（と協力した学者）に、ジョン・ロックの「市民政府論」（岩波文庫）をお読みになることを薦めたい。「民主政治理論の古典」であるこの本を読めば「蒙昧を脱する」ことができるであろう。

(4) 地方自治法の解釈運用

五頁の（5項）には、「市民が議会や市長を設置するものではない」と書いてあるが、市民が「議会や市長を設置する」のではない。市民が「市長と議員を選出する」のである。

市民が市長と議員を選出して代表権限を信託するのである。そのことを憲法93条が定めているのである。そして、議会や市長の制度根拠は地方自治法ではない。憲法である。

さらにまた、地方自治法はＧＨＱの間接統治の隙間に内務官僚が明治憲法の法原理（国家が地方を一律に統制する思想）によって成案したものである。したがって、地方自治法の解釈運用は世界普遍の現行憲法の法原理に基づいて行うのである。

(5) 住民投票

五頁の（６項）には、「地方自治法には住民投票についての規定はなく、法律上の根拠のない住民投票が地方議会の意思を拘束することはできない」と書いてある。

筆者は２００１年12月４日、衆議院総務委員会から「参考人としての意見陳述」を求められた。自民党内閣による（市町村合併を強行するため）の「合併特例法の一部改正」のときである。衆議院総務委員会で、議会が反対の決議をしても「住民投票」によって「議会が議決したものと見做す」とする今回の法改正は、議会制度を軽視し憲法に違反すると意見を述べた。

だが住民投票によって「合併是非の住民意思」を確認し尊重することは住民自治として良いことである。であるから「議会が合併決議した」ときにも、住民投票による「住民意思」を確認し尊重する内容の法改正をすべきであると陳述した。

http://www.youtube.com/watch?v=2tqXt27Z3tU&feature=share&list=UUJ6vDSFyf8HuARx_rkDicnw

（衆議院総務委員会の参考人意見陳述の映像）

すなわち、

1) 自民党内閣は過去に、議会決議にも優越するものとしての「住民投票」を法改正に組み込んだ経緯があるのだ。

2) 地方自治法74条は「住民の直接請求」の制度を定めており、74条に基づく「住民投票条例」は既に数多く制定されおり、新潟巻町、岐阜御嵩町、徳島吉野川可動堰などで、住民投票は既に実施されているのである。

しかるに、自民党の「このバンフ」は、これら事実を無視して（よもや知らなかったではあるまいが）「法律に根拠のない住民投票」と書いているのである。

自民党はなぜ自治基本条例を嫌悪するのか

1) 民主政治への人々の理解が高まることを怖れるからであろう。

2)「当選すればこっちのもの」と身勝手に言動することができなくなるから、議会と議員に枠を定める自治基本条例を嫌悪するのであろう。

3)「市民自治」の考え方が広がると「国家」を隠れ蓑にする統治支配を続けることができないからであろう。

4) 自治基本条例の背後に「特定の団体が」とか、市民自治の信託理論は「偏った思想である」などの言い方は（パンフの文言は）、暗黒の明治憲法時代の権力者の常套用語であった。

5) 自民党内の議論水準が現今の国際社会には通用しないものであるからであろう。

ところで、全国各地には「自治基本条例の制定」に委員として関わり、あるいは助言者として関与した学者が多数いるにも拘らず、自治基本条例を非難する自民党の「ちょっと待て！自治基本条例」に対する所見表明も批判発言も現れないのはどうしたことであろう。昨今の学者は「発言するべきときにも発言をしない世渡り術」に沈潜しているのであろうか。

第2章　市民政治・自治基本条例

自治基本条例とは、「代表権限の逸脱」を制御する「市民政治制度」である。首長と議員が選挙で白紙委任を得たかの如き身勝手な言動をしない（させない）ために自治基本条例を制定するのである。制定権者は有権者市民でなければならない。

自治基本条例は、選挙で「首長と議会」に信託した「代表権限」の行使に枠を定める「自治体の最高規範」である。

(1) 役に立たない基本条例

２０１４年１月現在、２９８の自治体が自治基本条例を制定している。

だが、基本条例の制定によって、議会・行政への市民の信頼は上昇したであろうか。首長と議員の行動様式が変わり行政職員の責任回避は改まったであろうか。

実情は、議員の特権意識は依然として改まらず、議会と行政への不信はむしろ増大しているのではあるまいか。議会不要論の声すらも現にある。
自治基本条例は制定されたが、役立っている基本条例は皆無である。
なぜ役立たないか。役立たないのは「首長と議会」だけで制定するからである。

自治基本条例の「最高規範としての効力」を担保するのは「市民の規範意識」である。市民が「最高規範の制定」に関わらなければ「最高規範意識」は地域社会に醸成されない。だから役立たないのである。

通常の条例制定の権限は、選挙（信託契約）で「首長と議会」に託されている。だが「代表権限の逸脱」を制御する「最高規範条例の制定権限」は託されていないのである。

(2) 学者の理論責任

役に立たない基本条例が流行したのは、学者が「通常の条例制定手続きでよい」「首長と議会で決めればよい」「市民は制定に必ずしも関わらなくてよい」と言説したからである。だが「首長と議会」だけの制定では「最高規範意識」は地域社会に醸成されない。現在のやり方で基本条例をいくら制定しても最高規範条例にはならない。

学者が「通常の条例制定手続」でよいとするのは、「特権に胡坐する」首長と議員の反感妨害を回避するためでもあろうが、「最高規範意識」を地域社会に醸成する「意思と工夫」を重視しない「やり方」で制定した基本条例が機能する筈はないのである。

自治基本条例の制定には、地域の人々に「吾が町の最高規範の制定に関わった」の体験が不可欠である。「制度を作れば一歩前進」ではないのである。

七〇年代以降に「情報公開条例」「環境アセスメント条例」「オンブズパーソン制度」「政策評価制度」「パブリックコメント制度」などの「市民自治制度」が相次いで制定された。だが役立っているものはない。学者はそのことを省察すべきである。

さらに重大な問題は、「市民自治社会への重大な節目」である「自治基本条例の制定」が、無意味な流行現象になっていることである。歳月が経過すれば「一過性の流行」で終わり、自治基本条例の制定という画期的意義は忘れ去られるであろう。

推測するに、地方自治法が「条例制定は首長が提案し議会が議決する」と定めているから、この規定と異なれば、「違法の条例」と総務省官僚から批判攻撃される。「それは避けなくてはならない」と考えた。だが他方では、「基本条例を自治体の最高規範条例である」と主張したい。そこで「条例本文にそう書いておけばよい」と考えたのであろう。一方で「自治基本条例は自治体の憲法である」と説明し、他方で「基本条例の制定は通常の条例制定手続でよい」と言説するのは矛盾思考である。

自治基本条例の制定は「市民自治制度の創出」であるのだ。地方自治法の解釈運用ではないのである。「市民の自治力を高める」ことが「市民自治の実践」であるのだ。

なぜ「市民の自治力」を高める「みちすじ」を希求しないのか。

なぜ「代表権限の逸脱を制御する基本条例」の制定に「市民は関わらなくてよい」と言説するのか。

なぜ「市民の合意決裁」を不必要と考えるのか。

なぜ「市民自治の規範意識」の醸成を重視しないのか。

自治基本条例を通常の条例制定の手続でよいと考えるのは誤りである。

そこには「最高規範」を地域社会に創出せんとする「規範意思・規範論理」が欠落している。そもそも、「市民自治」も「基本条例」も規範概念であるのだ。

「規範概念による規範論理」を透徹せずして市民自治制度は創出できない。

学者が「安直な制定」を誘導したことが今日の事態の原因である。

(3)まちづくり基本条例との混同

まちづくり基本条例と自治基本条例を混同してはならない。

環境基本条例、福祉基本条例、交通安全基本条例、災害防止基本条例、議会運営基本条例などの運営条例は、「まちづくり基本条例」である。それらの制定権限は首長と議会にある。市民が選挙で託したからである。

しかしながら、自治基本条例は「代表権限」に枠を定める「最高規範条例」であるから、制定主体は市民である。市民でなくてはならない
「市民が制定主体である」の意味は、「民主政治の制度原理」としての意味である。実際には「全有権者投票」で市民が制定に関わる（合意決裁する）のである。

学者は「自治基本条例」と「まちづくり基本条例」を混同しているのである。

(4)地方自治法は準則法

地方自治法はＧＨＱ占領軍の間接統治の隙間に、内務官僚が「国家統治の法原理」（明治憲法原理）によって成案したのである。

全国自治体を画一的に管理し統制する法律は、旧内務省時代は当然とされたが、現在の憲法原理に反するのである。地方自治法は自治体の上位法ではないのである。

そもそも、自治は「それぞれ」「まちまち」である。

神奈川県が七〇年代に情報公開条例を制定したとき、地方自治法の規定を何ら顧慮することなく、県行政への県民参加を実現するべく自治制度を構想した。

機関委任事務の公文書も、当然のこととして、情報公開条例の開示文書とした。

そのころの革新自治体は、宅地の乱開発に対処する「宅地開発指導要綱」を定めて地域社会を守った。そのとき、自治省、建設省、通産省（いずれも当時）の官僚から「権限なき行政」と非難攻撃された。学者の多くは省庁官僚に同調した。

そのとき、自治体は「国の地方団体」にあらずして「市民自治の政府である」と規範論理を透徹したのである。

さらにまた、合併騒動が日本列島を揺るがした２０００年代の初頭、福島県矢祭町は「合併しない宣言」を公表して自治法規定に顧慮することなく「議員報酬を日当制に」改めた。地方自治法を準則法と考えるのが、現在の正当な「法学思考」である。

日本の大学の法学講義は解釈法学が主流であるから、制定法を批判する思考が閉息され途絶される。東京帝国大学を頂点とする国家学の学会威力が現在も続いているからであろう。

(5)自治基本条例の制定目的

自治基本条例を制定するのは「代表権限を逸脱させない」ためである。

二元代表民主制度（首長と議会）を正常に運営させるため「市民自治の理念」を明示し「公開性と透明性」「政策情報の共有」「説明責任」などの「自治体運営の原則」を定めるのである。

自治基本条例に規定する事項を列挙すれば、

1　市民自治の理念を明示する（政府信託を明示する）

2　説明責任―役職者に責任回避をさせない

3　情報公開―重要な判断資料を秘匿させない

4　全有権者投票―地域の将来に係る重大事項は首長と議会だけで決めない。

5　自治体立法権

6　自治体行政権

7　自治体国法解釈権

これらを定めておくのが自治基本条例である。

(6)議会基本条例

自治基本条例と別に議会基本条例の制定が流行現象になっている。２０１４年１月現在で２９０の自治体議会が制定している。

流行現象になったのは、「議会不要論の声」すらある「議会不信」の高まりに対して、「我々も議会改革をやっているのだ」とアピールしたい議員心理が原因である。

おりしも、「栗山町議会基本条例」が話題になり、全国から「議員団の栗山町視察」が過熱して、無内容な議会基本条例の制定が全国に広がった。

そこで、栗山町議会基本条例を考察する。

(7)栗山町議会基本条例の根本的欠陥

栗山町議会基本条例は、議員職責を自覚した高い倫理感に基づく一歩も二歩も進んだ内容である。だが「二つの根本的欠陥」がある。

一つは制定手続

栗山町議会基本条例は町民が合意決裁したものではない。だから「基本条例」とは言えない。これは「議会が定めた自己規律の定書」である。代表権限の行使運営の逸脱を制御する最高規範条例ではない。

栗山町議会は説明会を開き町民の賛同を得る努力はしたが、「町民投票による合意決裁」を得ていない。であるから、町の人々には「わが町の最高規範条例を自分たちが関わって制定したのだ」との規範意識が醸成されていない。

栗山町の議会基本条例は、通常の条例制定手続で制定したものである。

基本条例は「代表権限」に枠を定める最高規範条例であるのだから、制定当事者は有権者町民でなくてはならない。首長と議会は基本条例を順守する立場であるのだ。

「通常の条例制定権限」は、信託契約（選挙）によって、首長と議会に託されている。だが代表権限の逸脱を制御する「最高規範条例の制定権限」は託されていないのである。

有権者市民の合意決裁（全有権者投票）によって、「わがまちの最高規範を自分たちが関わって制定したのだ」との最高規範意識が人々の心に芽生える。この芽生えが市民自治社会には不可欠必要であるのだ。

同じ北海道の奈井江町では、二〇〇五年の合併騒動のとき、町長と議会が呼吸を合わせて、全所帯に「公正な判断資料」を何度も配布して説明会を開き、町民投票を実施した。小学校五年生以上も投票を行った（投票箱は別）。

奈井江町は、小泉内閣の地方切捨の合併騒動を、「自治意識を高める機会」に転換したのである。これこそが自治体のあるべき姿である。

二つ目の欠陥

なぜ、栗山町は「自治基本条例」でなくて「議会基本条例」なのか。

どうして、議会が突出して、あたかも「独りよがり」のように、町長部局に対して「これ見よがし」のように、議会基本条例を議決したのであろうか。

「行政基本条例」と「議会基本条例」が、それぞれ別にあってよいと考えるのは（説明するのは）まことに奇妙な理屈である。

自治体は二元代表制度といって、首長と議会が一体の制度である。

「相互の緊張関係」で運営されるのが望ましいが、別々に基本条例を制定するのは正当でない。何かよほど特別な事情があって、まずは議会基本条例を制定して、町長部局の基本条例が成案になれば、その時点で自治基本条例として合体する。そのようなことも例外として考えられないこともないが、しかし、やはり不自然で不合理である。

優れた栗山町議会であるのだから、町長部局と手を携えて「栗山町自治基本条例」の制定を、なぜ目指さなかったのであろうか。

なぜであろうか。（実はここに問題の真相があるのだが、此処には記述しない）

自治体は「首長と議会」の二元代表制度である。「行政基本条例」と「議会基本条例」が別々にあってよいと考える（説明する）のは誤りである。

栗山町の議会基本条例によって、実に安直な議会基本条例の独り歩きが大流行となって全国に広がったのである。栗山町の制定方式が、「良きモデル」して流行するのは異常である。それを推奨する言説は誤りである。

第３章　市民議会

１　自治体議会の現状

選挙の翌日には、市民は陳情・請願の立場に逆転し、議員は「当選すればこっちのもの」と身勝手に言動する。議会は「不信の代名詞」になり議会不要論の声すらある。議会を市民の手に取り戻さなくてはならない。

全国各地に「議会改革」の論議が起きたのは「栗山町議会基本条例」の功績である。だが「肝心の議会慣例」を改めない議会基本条例の制定が大流行したのも「栗山町議会基本条例の根本的欠陥」に原因がある。

２０１０年1月28日、東京財団・主催の「ニセ議会基本条例を斬る」の討論で、パネリストの一人が基本条例の制定は「住民としっかり向き合って」と、見解を述べた。だがその「住民と向き合って」の意味は曖昧である。「住民と向き合って」ではなくて、「有権者投票の合意決裁」によって「市民の規範意識を高める」ことが重要である、となぜ明晰に言明しないのか。基本条例の制定権限は有権者市民にあるのだ。

東京財団の政策提言には「制定過程に市民の参加を図る」と記述されているが、どのような市民参加であるかは述べていない。

学者も最近では「基本条例の制定に市民参加を」と言うようになった。だが言葉だけの「市民参加」である。なぜ「全有権者投票による合意」が必要と言明しないのか。

「一見民主風の論者」の常套手段は「曖昧論議」である。かつて羽仁五郎氏は「曖昧論者」を「オブスキュランティズム」であると批判した。

東京財団の「ニセ議会基本条例を斬る」のパネリストの方々は、「真正の論点」を認識していない。時流に乗った表皮的論議をしているように思える。

なぜそう思うか。「最高規範条例の担保力は有権者市民である」「市民自治とは市民の自治力が高まることである」。この規範論理が希薄だからである。

(財)明るい選挙推進協会の「会報３１６号（2011-1-24)」も「地方議会改革」を特集している。そこには「議会報告会」や「反問権」の有無を議会改革の先進事例として紹介しているが、「議会報告会」や「反問権」の言葉としての目新しさが薄れた今、実態はどうなっているかを検証するべきである。議会改革の論点はそのようなことではない。

2　議会改革の論点

自治体議会はあまりにも問題が多過ぎる。旧態以前である。ところが、議員は「議会にさほど問題あり」とは思っていない。小手先の改革で議会批判を交わせると思っている。

議会基本条例の流行は「自分達も改革をやっているのだ」とアッピールするためである。ところが、学者はこの流行を「一歩前進である」と評価する。

改革するべきは「因循姑息の議会慣例」であるのだ。

(1)議員特権

議員は当選したその日から普通の市民とは「異なる世界」の人になる。新人議員も「特権の渦中」に自ら没入して次第に『議員』に化身する。

議員になる前には「改めるべきだ」と言っていた「議会改革の問題点」も、「一枚舌の思考回路」で正当化し弁護するようになる。

初心を堅持する議員も存在するが例外的少数である。大抵の議員は有形無形の不利益・圧力に妥協して『議員』になる。

議員になってみれば分かることのようだが、積年の慣例・慣行の特権が『議員』に化身させるのである。

(2)会派拘束

会派とは、議長・副議長・常任委員長などの議会の役職配分を得るための「集まり」である。「政策会派」とは名ばかりで実態は「利害と便宜」である。

会派害悪の第一は「会派決定で議員の表決権を拘束する」ことである。

「評決権」は議員固有の権利であり責務である。しかるに学者は、この害悪を否認する規定を基本条例に定める論議はしない。

議会改革の第一の問題は「会派決定による評決権の拘束」である。

表決権拘束の現状を打開することが「議会改革の第一」である。

(3)議会構成

現在日本の議会の多くは高齢男性が大半である。家計を担う子育て年代の人は、議会開催が平日であるため、当選しても議員は勤まらないから立候補しない。

議会は性別も職業も年齢も地域を代表していない。住民代表議会と言えないのが実態である。

議会開催日を平日の夕刻と休日にすれば、普通の人が立候補して議員になることができる。家計収入の働きをした後の時間で議員活動が出来る制度に改めることである。

これは法改正しなくても議会で決議すれば出来るのだ。決議しないのは現在の議員が特権を守るためである。

女性議員も極めて少ない。この問題の打開策は、女性の有権者が（暫くの間は）女性候補者に投票すればよいのだ。そうすれば、女性候補者は全員がダントツで当選する。そして次の選挙に女性候補者が増えて再び全員が上位当選して、フィンランド議会やルワンダ議会のように議員の半数を女性議員にすることができる問題である。

(4)議員員数

全国的に「痛みを共にして」の言い方で、議会が議員定数を減らしている。だが「議員の数を減らす」のではなく「議会不信と議員特権を改める」ことである。議員の数が減るのを喜ぶのは首長と幹部職員である。定数減は議会の監視力を弱めるのだ。監視力低下のツケは住民に還ってくる。

住民が定数減に賛同するのは議会不信が根底にあるからだが、それは浅慮である。経費のことを言うのならば議員報酬を日当制に改めることだ。

例えば北海道議会は定数一〇六名で札幌市内選出の道会議員は二八名である。「政令市は府県並の権限だから、札幌市域は各行政区一人でよい」「人口割定数に合理性はない」との意見もある。

現代は「ＮＰＯ活動の市民感覚」が「議員特権の議員感覚」を超えている社会である。市民感覚のあるアマチュア議員でよいではないか。職業（専念）議員が必要だの見解もあるが、それは議員が日常何をしているかを見究めてから述べることである。

(5)政務調査費

政務調査費は実費弁償である。ところが、議員全員が毎月満額の政務調査活動を行ったとして受領している。不自然で不合理で奇怪である。

全額を前渡しするからである。前渡しするから「公金詐欺取得」になるのだ。現に裁判になっている。事後に証票を添付して請求する制度に改めることである。

その改正に議員はなぜ反対するのか。事後請求を「面倒だ」の理由で賛成を拒むのは論外であり公金への感覚麻痺である

(6)与党と野党

中央政治の政党系列を自治体議会に持ち込むのは間違いである。

自治体議会は議院内閣制の国会とは制度原理が異なる。自治体は二元代表制の機関対立制度である。「議会が執行部と向き合う」のが自治体議会である。自治体議会に与党・野党が存在してはならない。「与党だから批判質問はしない」というのは、制度無智であり有権者への背信である。

「オール与党のなれ合い」も、首長と議会の「感情的対立」も、議会制度の自殺行為である。

問題は、首長と議会の「機関対立制度」を意図的に誤認して、独りよがりの「議会基本条例の制定」が広がっていることである。

議会改革を実効性あるものにするには、自治基本条例に以上の論点を明記することである。

議会改革の根本的な処方箋は旧態依然の議員を「総取替する」ことである。

それには、住民自身が「目先利益の住民」から「公共性の意識で行動する市民」に成熟しなければならない。

第４章　市民行政

１　市民行政の概念

市民行政とは，市民が行政庁舎内で日常的に「行政事務」に携わることである

国家学の行政学と行政法学は、「行政事務は公務である」「公務は公務員身分を有する者が行う」と考えるから「市民行政の概念」が理解できない。

自治体学は次のように考える。

「市民行政」は「行政不信の現状打開」をめざす実践概念である。

これからの行政は、競争試験で採用された「公務員の行政職員」と、首長が任期内に委嘱した「市民の行政職員」の二種類の行政職員が存在すると考える。

「市民参加」とは、市民が行政機構の外から行政を批判し参画することであり、「市民行政」は市民が行政機構の内部で行政事務を担うことである。

2　行政概念の再定義

「市民行政」を理解し納得するには「行政概念の再定義」が必要である。

国家学は「行政とは法の執行である」と定義する。

自治体学は「行政とは政策の実行である」と考える。

行政を「法の執行」と考えると、「役所といたしましては、法令がそのようになっておりますので、いたし方ございません」になる。だが行政を「政策の実行である」と考えると、政策は課題と方策であるから、「何とかならないものか」と方策を考えることになる。このように自治体学理論は職務実行の具体場面で「思考の座標軸」として役立つのである。

現代社会の公共課題は公務員だけでは解決できない。行政職員と市民の「信頼関係を基にした協働」がなければ解決できない。多くの実例がそのことを実証している。

「まちづくり」の言葉が流布しているのもそのことを示している。

3　市民行政の着想

市民行政の観念は「夕張再生の論議」のなかで着想された。

２００７年３月、夕張市は財政再建団体に指定され総務省の管理下に置かれた。

総務省の考える「夕張再生」は、「３５３億円の債務額を18年間で返済すること」であった。だがそれは「債務償還」であって「夕張再生」ではない。

しかも、債務総額の３５３億円は、北海道庁が「みずほ銀行」などの債権者に、全額立替をして確定した債務額である。

経済社会では返済不能になった「不良債権の処理」は、債権者会議の場で「何割かの債権放棄と返済保証」の協議がなされるのである。

北海道庁が為すべきは「債権者会議の場を設ける」ことであったのだ。破綻が見えていた夕張市に融資をした側にも責任があるのだから。

しかるに、北海道庁は「夕張市民の生活」よりも「金融機関の債権保護」を重視したのである。

総務省と道庁が（実質的に）策定した「夕張財政再建計画」は、18年で３５３億円を返済する「債務償還計画」であった。

財政破綻後に就任した藤倉市長は「夕張の体力では10年間で１００億円の返済が限界」と懸念を表明した。だが、総務省と北海道庁は「その発言を続けるのなら支援をしない」と市長の発言を封殺した。

しかしながら「夕張再生計画」は「夕張市民の生活が成り立つ」が基本になくてはならない。「債務返済計画」では市民生活が成り立たない。

夕張の人口は、２００６年６月は１万３千１６５人、２００７年４月は１万２千５５２人、２００８年４月には１万１千９９８人と市外への流失が続いた。公共施設の運営は指定管理者の返上で市民生活に不可欠な施設運営が困難になっていた。市営住宅の修繕もできない状態であった。職員の給与は全国最低で、職員数が減少し業務負担は増大し職員は心身共に疲労していた。

総務省はこれまで、「公務員給与の均衡」を理由に「ラスパイレス指標」などで、全国自治体の給与の平準化を強要した。しかるに今回は、総務省が給与の三割を超える削減を強制したのである。

さらに、総務省の派遣職員が夕張再生室長に就任して、全国からの1億円を超える寄付金（黄色いハンカチ基金）の使途も掌握し、夕張市長の財政権限を極度に制約したのである。夕張再生室の実態は「債務償還の管理」であるから、名称を「債務償還管理室」に改めて、新たに「夕張再生市民室」を新設する。その市民室に市長が委嘱した市民が行政職員として加わるのである。

夕張再生には市民と行政の協働が必要である。ところが、市民の側に長年の経緯による「議会不信」と「市役所不信」がある。協働するには相互の信頼関係が不可欠である。

信頼を取り戻すには「市役所不信」を打開しなくてはならない。行政不信を解消するには市民が行政の内側に入って「行政事務」を自ら担うことである。

かくして「市民行政」の観念が着想された。

4　市民行政の現状

市民行政は様々な形態で既に行われているのである。

(1)庁舎受付、庁舎清掃、庁舎警備

かつては、これらも公務員身分を有する者の業務であった。だが今はどこも外部委託になっている。これらは現業的な業務であるが、以下に掲げる事務は行政職員が担うべき行政事務である。

(2)行政広報、総合計画、行政調査

表向きは公務員職員の行政事務として執行されているけれども、実態は外部委託の事例が多い。これは何を物語っているかを行政学と行政法学の方々は考究すべきである。

(3)職員研修

現在は「職員研修」をも外部に委託している。「内向き公務員」が企画する研修よりも「公共感覚のある市民」が企画する職員研修が民主的な職員研修になるとも言える。

だが実態は「公共性とは如何なることか」「公共事務と民間事務の相異は何か」を弁えない営利団体が受託し「事務能率の研修」に堕している。

(4)公共施設の管理運営

小泉構造改革の「官から民へ」の流れで「指定管理者制度」が流行現象になった。「経費節減が目的」であったから、人件費縮減に随伴する「深刻な問題」が各地で起きている。

市民自治の問題意識が「すっ飛んだ」外部委託になっている。

(5) 優れた市民行政の実例

北海道ニセコ町では、２００８年から町民が図書館運営を担っている。その経緯を述べる。役場の前に道路を挟んでニセコ郵便局があった。２００８年にその郵便局が別の場所に移転することになったので、建物を譲り受けて町立図書館にした。そのとき町民から、「運営一切をやりたい」の要望があって委託した。

以来5年間、役場職員が運営するのよりも好評である。何の問題も起きていない。

２０１１年11月18日、ＮＰＯ法人自治体政策研究所が北海学園大学で開催した「市民行政を考える」公開政策研究会で、片山ニセコ町長は、あのとき役場職員を入れなかったのが成功の要因であった。一人でも公務員職員が運営に加わっていたならば、「これは教育長の意見を聴かなくてはいけない」「この本を買うのは役場の許可を得なくてはならない」「こういうイベントは前例がない」などのことが始まっていたと思います。

現在は「子どもの遊び場」にもなり「高齢の皆さんのたまり場」にもなっていて、実に自由な図書館運営になっております。役場がなんでもやる時代は終わっていると思います、と語った。市民行政の良き実際例である。因みに「あそぶっく」とは「Book と遊楽する」の意。（北海学園大学開発研究所２０１１年度研究記録集61頁）

既に述べたことであるが、「市民行政」とは、市民が役所の庁舎内で公務員職員と机を並べ行政事務を担うことである。そしてその「行政事務」とは、現在、臨時職員やアルバイトが担っている補助業務ではない。政策の立案・決定・実行・評価の行政事務である。古くは美濃部東京都政で民政局長にＮＨＫ解説員の縫田曄子氏が任用された。以来、全国自治体で市民行政職員の委嘱・任用の実例は数多い。だが、ここで重要なことは、市民行政の提起は「行政不信の打破」にあるのだから、「役付き管理職」にではなく「職員の行政事務」を市民が担うことである。

既成学の方々には、それがなぜ「行政不信の打破」につながるのか、が分らないであろう。

5　市民行政への疑念

市民行政に次の疑念が提出される。

(1)秘密保持

宣誓をしない市民が行政事務に携わって行政の秘密保持が保たれるかの疑念である。

職務上知りえた秘密の保持は、「市民職員」であろうと「公務員職員」であろうと同じである。自治体条例に市民行政職員の「秘密保持の宣誓」を定めればよいのである。地方公務員法に論拠しなければ「秘密保持が保たれない」と考えるのは無益思考である。

そもそも、「守秘義務」とは何か。「○秘のハンコ」「部外秘の朱書」の実態を眺めてみるがよい。実態は「無難に大過なくの管理職の保身」である。

(2)行政責任

「故意または重大な過失」によって生じた損害の「求償責任」は「公務員職員」であろうと「市民職員」であろうと同様である。

問題は「行政責任とは何か」である。

行政責任とは「為すべきことを為さない責任」である。すなわち「不作為」が「行政責任」の本体である。行政は「能動的に政策課題を解決実現すること」である。保身のために「為すべきことを為さない不作為」が行政責任の本体である。

「市民行政」の提起は、その「無難に大過なく」の「行政体質」を打開するためである。

(3)委嘱任用の手続き

行政職員は首長の私兵ではない。首長も職員も共に市民に信託され雇用されているのである。この点で（橋下・大阪維新の会）は「代表民主制の基本原則」を理解していないのである。行政職員は首長に雇用されているのではない。

委嘱が首長の恣意にならないための「市民自治的な手続」を条例に定めておく。これは6章に述べる政策法務の課題である。

⑷公務とは何か

公務とは「公共事務」であって「統治事務」ではない。即ち、行政事務は「統治事務」ではなくて「自治事務」である。公務員（身分）でなければ行政事務を担えないと考えるのは国家統治の国家学の理論である。

「市民行政」「市民職員」は市民自治の自治体学の概念である。

自治とは「それぞれ」「マチマチ」ということであるのだ。自治体運営は「地域の人々の自由で創造的な運営」でなくてはならない。自治体運営を全国画一的に統制し規律する国家法が存在してはならないのである。

地方自治法を自治体運営の準則法と解すべきである。地方公務員法も同様である。

第５章　自治体学の実践

本章は、筆者が自治体学をどのように実践したかの記述である。

自治体学は課題を設定し解決方策を考案する実践理論であるから、自治体職員としての「仕事の仕方」が自治体学の実践である。

１　文化行政

１９７７年７月、神奈川県に文化室が新設された。筆者はそこに企画担当として配置された。企画担当の最初の仕事は「文化行政とは何か」「文化行政とは何をすることか」「行政が文化を政策課題にできるのか」を考えることであった。

皆目見当がつかない。独りで考えたのでは思案がまとまらない。

そこで、三つの組織をつくった。

一つは、仲間を集めて時間外の自主研究会。

二つ目は、県庁内のメンバーによる「文化行政・研究プロジェクトチーム」の設置。

全庁からこれと思う人を選りすぐり本人の内諾を得ておいて、文化室から文書でそこの部長に、「文化行政の全庁プロジェクトを設置するので、文化と関連の深いこの課から参加して頂きたい」と依頼した。そしてその課長に「実は○○さんに内々頼のんであります。知事もそれはいいねと言っています」と依頼した。「知事の耳にも入っているの？」「そのようです」と答えた。

そう答えなければ、「チーム員を一名出してください」だけでは、「「○○君はわが課のしごとで忙しい」「最近転勤してきた者を出しておけ」になる。エースはよその課の仕事に出さないのである。

三つ目は、文化問題に見識のある方に委嘱する「文化行政懇話会」の設置。

当時の県庁の慣例は、行政外の識者に委員委嘱するときはタイプ文字の小さな委嘱状であった。秘書室に行って「神奈川県で賞を出すときの一番大きな用紙は何ですか」と訊いた。「神奈川文化賞です」、「その用紙を見せて下さい」。

神奈川の県章が透かしになっている大きな立派な用紙であった。

「この用紙を10枚下さい」、「何に使うのですか」、「文化室で文化懇話会を設置するので委員の委嘱に使いたい」、「あなた、これは神奈川県で一番権威の高い賞の用紙ですよ。室や課の懇話会委員の委嘱状に使うものではありません」と言う。

「秘書室長がいいと言ったらいいですか」、「室長にそのような話はしないで下さい」、「あなたは駄目だというから室長に頼むしかない」、「私から話しておきます」。

「駄目だと思っている人が室長に言えば、駄目ですよねぇと言うに決まっているから、わたしが頼みます」と言って、翌日、八時前に出勤して秘書室に行き、室長に「実は・・」と言いかけたら「賞状のことね」と。やはりすでに職員が話してある。

「いいでしょう」と言うと、「いいけど、あんな大きな紙をどうするの」、「それは文化室に任せてください、秘書室の立場を潰すようなことはしませんから」と言い、「いいよ」になって用紙10枚を受け取った。

その室長は市民感覚のある人で知事の受けも良く暫くして部長に抜擢昇進した。

県庁の文書課には賞状に墨字で書く専任の人がいる。その人に頼んだ。

「二十一世紀を展望する神奈川の文化を考える懇話会委員を委嘱します」と墨痕鮮やかに書き、大きな「神奈川県」の印鑑を朱肉で押してくれた。立派な委嘱状である。

それを懇話会の第一日目に知事から手渡してもらった。

第一回目の懇話会は、「私はこれまで役所から委嘱状をいっぱい貰ったが、こんな立派な委嘱状をもらったことはない」「これは額に入れておけますねぇ」などと委嘱状を巡っての和やかな談論になった。

「文化と行政を考える」のは、今の行政を問い直すことである。「何ごとも前例に従って無難に大過なく」の役所の文化をまず問わなくてはならない。

文化ということばで行政のあり方を問い直さなければ、意味ある事業や制度や施設にならない。経済発展のため捨てられた美しさや楽しさなど、人間ならではの価値を地域に創りだす文化行政を考える懇話会である。これまでとは違った何か心に訴えるものが必要だと思ったのである。

自主研究会、庁内プロジェクトチーム、文化行政懇話会の三つの提言書が、神奈川県の文化行政のスタートであった。

自主研究会の「文化行政への提言」は、月刊「職員研修」79年４月号で全国に紹介された。文化行政の草創期のころである。

2　文化行政壁新聞「かもめ」

文化行政はタテワリの部門行政であってはならない。文化事業を執行するだけの行政でもない。それまでの行政は、省庁政策に従属する画一行政であり産業基盤を整備する工業的都市開発であった。緑地は失われ川は汚濁の排水路になり、全国各地が個性のない姿になっていた。そして職員は、責任回避の上司に従属する保身の地方公務員であった。

文化室の任務は「行政を文化行政と言えるものに改める」ことにある。「職員の仕事の仕方」を変革しなければならない。

(1)壁新聞を着想

知事の発想で「文化室」は新設されたが、議会の多数会派は長洲知事に得点をさせたくない。そのため、幹部職員は人事権を持つ知事に従うけれども面従腹背であった。

文化行政には冷たい空気が庁内に漂っていた。「文化行政の市民権」を庁内に確立しなければならない。

「文化行政壁新聞」を刊行しようと考えた。

パンフレットの類は直ぐに紙屑になってしまう。「一か月貼り晒し」の壁新聞が良いと思った。

ところが、文化室長も県民部長も「一体何を掲載するのか」「掲載する内容があるのか」であった。

文化行政は知事の目玉政策であるから反対も出来ない。だが壁新聞の予算要求に（内心では）不賛成であった。

(2)予算要求

消極的な室長と部長が予算を財政課に要求することが（ようやっと）決まった。

ところが、年休で一日休んで出勤すると何やら雰囲気がおかしい。若い職員に問い質すと、「森さんには言わないようにと言われているのですが、昨日部長室で『壁新聞はDランクで要求する』と県民部として決めた」とのことであった。「Dランク要求」とは「削って結構です」の予算要求である。

総務部長に会いに行った。原総務部長は副知事になりたいと思っている。だが知事が議会に提案しなければ副知事になれない。副知事は知事の胸三寸である。文化行政は知事の目玉政策である。総務部長は知事に忠誠を示さなくてはならない。

「森君、壁新聞を毎月出せるのかね」と訊く。「壁新聞だけでなく七項目の文化行政予算を全て知事査定に上げて下さい」と頼んだ。「七項目全てを知事査定に上げて大丈夫かね」「大丈夫です、知事には話してありますから」と言った。（知事には何も言ってはいない）。

総務部長査定が終わった直後の県民部総務室で「おかしいなぁ―Dランクがみんな通った」と職員が

話しているのを耳にした。

次は知事査定である。１９７８年1月7日、いつもより早く出勤して秘書室職員に「知事に話があるので査定前に会わせてほしい」と頼んだ。秘書は「文化室の森は知事と特別な関係がある」と錯覚したのか、「知事さんがお出でになりお茶を差し上げ日程を説明した後に一番でお会い頂きます」となった。部屋に入っていくと知事は独りであった。「文化行政予算を全て認めて下さい」「森君、これ全部やれるのかね」「やります」「分かった」になった。

かくして、文化室の文化行政予算は全て実行可能の予算になった。

１　文化行政壁新聞の刊行
２　文化行政推進本部の設置
３　文化のための１％システムの開発
４　地方の時代映像祭の開催
５　行政のデザインポリシーの策定
６　文化の第三セクターの設立
７　全国文化行政学会の設立

⑶文化行政壁新聞・ポパール

話は少し遡るが、財政課に予算要求をする段階で、壁新聞に名前（表題）をつけることになった。いろいろと考えたが「良い愛称」が浮かばない。当時売れていた雑誌に「ポパイ」「ポスト」があった。「パピリオン」という商品もあった。発音はパ行である。「ポパール」という音が浮かんだ。語感が良い。何度か唱えていると「これで良い」と思った。苦し紛れの命名で特別な意味はない。

財政課長査定で「ポパールの意味」が訊かれた。筆者はその日は出張で県庁にいなかった。誰も答えられない。出張先に電話がかかってきた。音（オン）で「ポパール」としたのだから意味はない。だが「意味はない」とも言えないので、咄嗟に「ラテン語」で「人々の芸術」という意味です。英語なら「ピープル・アート」ですと返答した。

翌日、出勤すると「昨日は大変だったのよ」と東京外大卒の女性職員が言う。財政課からポパールの綴り「スペル」を訊かれて、その女性が図書館からラテン語辞典を借りてきて調べたが見つけられなかったとのことであった。「出てなかったかねー、POPAL だよ」と苦笑して呟いた。「綴り」なんぞ「どうだって良いではないか」と思った。

(4)「ポパール刊行」の予告記事

知事査定で壁新聞「ポパール」の発刊は定まった。

壁新聞の標的は県庁職員である。当時の神奈川県庁には二代前の内山岩太郎知事が「教養月報」と命名した全職員配布の月刊の広報紙があった。壁新聞を注目させるには刊行予告が必要であると考えた。その「教養月報」に「論説的予告記事」を掲載しようと考えた。小村喜代子さんという庁内でも有名な女性編集者に会いに行った。快諾を得た。

役所では、業務に関する原稿を庁内広報紙に書くときには、上司の「事前了解」と「原稿内容の承認」を得るのが通常である。それを知らないわけではない。だが、文化室長は庁内広報紙に掲載することを（自分では）決められないだろう。次長と部長に相談するであろう。そして「時期尚早」などの言い方で掲載は先送りになるであろう。「波紋が庁内に広がる」ことを極力避けたいのが幹部公務員の常套である。そしてまた、「教養月報」に掲載するになったとしても「原稿」は無意味な内容に変質するであろう。そうなれば、壁新聞発刊の「新鮮な衝撃イメージ」は職員に届かない。そこで、誰にも相談しないで原稿を書いて職員課に届けた。

(5)「ポパール」から「かもめ」に

県民部担当の湯沢副知事から電話で呼び出された。副知事室に入っていくと「森君、壁新聞の名前は知事さんに付けてもらったらどうかね」と言われた。「やっとここまで漕ぎつけた」の想いがあったから内心不満であった。だが嫌とは言えない。「そうですか」と言って退室した。自席で「どうしたものか」と思案した。そしてふと思った。この壁新聞は現状維持の庁内文化に異質の価値観を提示するのだから、必ず悶着を起こすであろう。そのとき「知事命名」は役に立つ。そう考えて秘書課に「知事に命名して貰いたい」と電話した。暫くして知事在室の連絡が来た。知事室に入ると「にこやかな笑顔」で迎えられた。「暗夜に松明」の「たいまつ」、「文化を配る」の「トリビューン」も良い名前だね。だが既に使われている。そう言いながら立ちあがり、書棚から事典を出してきた。「森君も考えてごらん」と言うので「私はポパールです」。「人々のアートだそうだが、タイトルは分かり易いのがいいからね」と。

黙って待っていると「考えるから、君も若い人の意見を聴いてごらん」となって退室した。翌日午前、特命秘書の蔵から「知事が考えてきたよ」と電話がきた。「何という名前？」「かもめだよ」。瞬間「悪くない」と思った。

「県の鳥」は「かもめ」である。知事がそれを「壁新聞」の名前に付けた。「かもめのイラストも描いてあるよ」と蔵がつけ足した。

（特命秘書であった蔵さんは現在札幌市内で喫茶店を開業している）

そのとき「アッ」と気付いた。職員課の「教養月報」に出した原稿のタイトルは「ポパールの発刊」である。大慌てで職員課に電話した。「小村さんは神奈川新聞社の校正室に行っています」。神奈川新聞社に電話した。「最終校正をしています」と小村さん。「タイトルも文章も全て『ポパール』を『かもめ』に訂正して下さい」。危ないところで間に合った。

かくして「ポパール」は「かもめ」に改名された。

(6)県庁のトイレに

次の問題は「文化行政壁新聞・かもめ」を何処に貼るかである。県庁内の各課室内の壁面はロッカーが占拠して貼る場所が無い。エレベーター内を考えたが、身体に近すぎて読めない。玄関入口に貼っても県庁職員は早足に通り過ぎるから読まない。そこで「新庁舎のトイレ」に貼ろうと思った。

だが、庁舎管理は年々厳しくなっていた。革新団体などが要求運動で県庁にやってきて敷地内でビラ配りをするのを規制していたからである。

トイレに壁新聞を貼るのは容易なことではない。容易ではないが「貼る場所」を確保しなくてはならぬ。

庁舎管理の責任者である出納長総務課長に会いに行った。

「聞いていられると思いますが、文化室の『壁新聞』の掲示場所の件ですが…」と切り出した。課長は怪訝な表情で「何の話しですか」と言う。「まだお聞きになっていませんか、秘書課から話しはきていませんか」「実は過日、知事と話していたとき『かもめ』の掲示場所の話しになって、新庁舎トイレの洗面場所が良いと言ったら、知事が『それはおもしろいね』となつて、『知事からも庁舎管理課長に言っておいて下さい』ということだったのです」と話した。

総務課長は「聞いていませんが『トイレ』にですか、一度認めると職員組合もステッカーも貼らせろとなると困るしねー」と。当然ながら「それはダメです」の表情であった。

ところが、翌月は「定期人事異動」である。部課長クラスの大幅人事異動が噂されている時期である。部課長の人事は知事の専権である。総務課長の脳裡には「職務を無難に」と「昇格への期待」が交錯する。しかし「トイレに壁新聞はねー」と呟く。天秤が脳裡で右と左に傾く。

そこで「こうしたらどうでしょうか」と提案した。

「一回だけ試行的に認めて、二回目の『継続するか』『止めるべきか』の判断は『総括管理主幹会議』で行う」「『総括管理主幹会議』の議題にすることは文化室が責任でやりますから」と言った。総務課長は「文化行政壁新聞は知事の肝いりである」「継続して貼るか否かは庁内会議が判断する」と考えたのであろう。「試行的ならいいかな」と呟いた。間をおかず颯と用意してきた「トイレに掲示」の「伺い文書」を差し出した。

庁舎管理の責任者である出納総務課長のハンコを貰うことに成功した。（知事との過日の話はもとより架空のことである）

直ちに県民部に戻って県民部長に決裁をお願いした。県民部長は「出納総務課長はよく認めたね―」と言いながらハンコを押した。次は次長決裁である。部長が決裁しているのだから「内心で何と思ったか」は別としてハンコを押した。最後に文化室長の決裁である。役所の通常では手続きが逆である。文化室長も内心に複雑以上のものがあったであろう。普通ならば認めがたいやり方である。だが県民部の幹部にも「翌月の人事異動」が作用していたのかもしれない。しかし「庁内ルールを無視するふるまい」の烙印は確実に吾が身に刻印されていく。しかしながら、通常の手続きでは何もできない。役所文化では「文化行政」を具体化することはできない。もともと「文化」と「行政」は異質である。

文化室の職員に頼んだ。男性と女性の二組で「今直ぐ、新庁舎地階から十二階までのトイレに貼ってよ」と。トイレに壁新聞を貼るのだから、ボヤボヤしていると「ちょっと待った」がこないとも限らない。県庁の男性トイレには「用を足す目の前」に貼った。（役人意識が脱けているときである）。女性トイレには身だしなみを整えるスペースに貼った。貼り終わったのを見届けてホッとした。文化行政の初期のころは全てが「役所の作法」との「綱渡り競争」であった。

本庁舎と分庁舎のトイレにも貼った。後は急ぐことはない。順次に掲示場所を確保していった。十二階の職員食堂、屋上の図書室、別館の職員会館、地階の売店にも貼った。

(7)専有掲示場所

オレンジ色に黒色で「文化行政壁新聞・かもめ」と書いたラベルを「発砲スチロール」に貼りつけて表札を作った。表札の裏面には両面の粘着テープが付着してある。一度貼ると剥がせない。剥がすと「発砲スチロール」が壊れる。

出先の職場にこの「表札」を「壁新聞」と一緒に送付した。「教養月報」に予告されていた壁新聞であるから、庶務の職員が適宜な場所に表札を貼りつけその下に掲示した。その瞬間、そこが「かもめ」の専有掲示場所になる。全国の都道府県にも送付した。その話は後で述べる。

(8)編集委員

壁新聞「かもめ」の狙いは「役所文化への斬り込み」である。編集委員には覚悟と才覚が必要である。そこで委員の選出に工夫を凝らした。

まず問題意識と感覚の優れた職員と個別に会って同意を得た。その後で「文化室長名の公文書」で所属長に「この職員を推薦して頂きたい」と依頼した。そして、編集委員が腹を括るべく、知事室で「『文化行政壁新聞・かもめ』の編集委員を委嘱する」と墨書した依嘱状を知事から手渡して貰った。編集委員は七名。

役所の通常では、このやり方は全てがルール違反である。（ここで断っておくが長洲知事と筆者は特別な関係ではない。文化室に異動になる前には会ったこともない。だが知事の目玉政策を現実化するのだから、この程度のことは知事にやって貰ってよいではないかと思っていた)。

ところで、「毎号の内容」は七人の編集委員で決めるのだが、紙面にその内容を表現する「デザイン力」は素人では難しい。そこで東京芸術大学講師の吉本直貴さんにお願いした。吉本さんは「県庁内に貼り出す壁新聞を珍しい」と思ったからでもあるが、無料で最後まで協力して下さった。

そこで、紙面づくりは一切を吉本さんにお任せした。「イラスト」も「キャッチコピー」もお任せした。責任は文化室企画担当の筆者である。壁新聞は文化室の予算であるが、文化室長にも事前の了承を得なかった。知事室での「依嘱状の手渡し」は「知事特命の編集」にするための工夫であったのだ。

ある号で、次長室に呼ばれた。「森君、この文章はこう書くのが良かったのでは」と助言された。「そうだとは思いますがお任せください」と答えた。一度「助言」を受け入れると次第に「事前了承」になってしまうからである。「真に相済みませんが、気づいても助言はしないで下さい」とお願いした。

(9)服装は思想

第一号のタイトルは「服装は思想です」であった。

役所は形式的で画一的だと批判されている。何事も「前例と規則」である。仕事ぶりは「無難に大過なく」である。公務員の服装は「ドブネズミ」と言われている。みんな同じ色のスーツである。葬式でもあるまいし、個性的な洒落た服装であるべきだ。真夏にネクタイは暑苦しい。開襟シャツを着こなせばよい。「個性のない服装」だから仕事も「無難に大過なく」になるのだ。

公務員の変身が文化行政には必要である。そこで「服装は思想です」にした。この壁新聞を「県庁舎のトイレ」「全ての県内職場」に貼り出した。新聞各社は写真入りで報道した。
創刊号「かもめ」は初夏の空に飛翔した。１９７９年5月15日であった。

(10)神奈川県庁のムダ

第十一号は「ムダの考現学―県庁の場合」である。新聞各紙は「庁内壁新聞『かもめ』が内部告発」、「県庁のムダをヤリ玉に」などの見出しで1980年3月10日の朝刊で一斉に報道した。

前号で「役所のムダ」についての投稿を募集した内容である。殆どは匿名であったが、投稿者の四割は女性であった。また「無駄とは何か」を課内で討論してまとめた投稿もあった。投稿の内容は「職員配置の不均衡のムダ」「仕事の量・質より職員の数が多ければエライ思い込んでいる所属長のお役人気質」「コピー時代に流されて安易に資料をつくる」「会議が多過ぎる」「多過ぎる役職者」「女子職員のお茶くみ」「議会開催中に五時以降の居残り職員が多過ぎる」などであった。

新聞とテレビが報道して話題になり県議会でも論議になった。

議会で話題になるのは良いのだが、自由な紙面づくりが出来なくなることを心配した。県民部幹部の事前決裁（検閲）になっては困る。信頼できる議員に相談して県民環境常任委員会の後部に座して論議を聴いた。「部長が紙面を抑制することはしないだろうな」「文化室から出ていることが良いのだから」などの激励発言であった。

「かもめ」が、議会で論議になって新聞で報道されたので、管理職も読むようになった。８００部刷って県の職場だけでなく県内市町村にも配布した。

全国の都道府県にも先に述べた「発砲スチロールの表札」を付けて送付した。文化行政を自治体の全国潮流にしなくてはならない。「かもめ」を「文化行政の全国情報紙」にするためである。後日、他府県の文化行政担当課を訪れると「かもめ」が「発砲スチロールの専有掲示場所」に貼られていた。

各号の「タイトル」と「内容」は『物語・自治体文化行政史―10年の歩み』(神奈川県文化室・新曜社-1988)に掲載されている。

3 自由民権百年大会

文化行政を研修科目に

1980年8月、神奈川県は30年続いた「公務研修所」を「自治総合研究センター」に改組した。松下圭一教授の助言を得て「地方公務員の養成所」から「自治を研究するセンター」に改革した。この改革が全国に波及して「職員研修所の再編」が時代の波となった。

その自総研センターの所長に会いに行った。目的は「文化行政」を職員研修の必修科目にして貰うためである。壁新聞刊行と同様に「文化行政の問題意識」を全庁に広げるためである。

武井所長に「研修所を改組したのだから、なるほど変わった！　とハッキリ見えることが大切です」と切り出した。「いろいろ考えてはいるが、何か良い考えがあるかねぇ」と返ってきた。

用意してきた「政策研修の手法」と「講師名」を書いたペーパーを差し出した。そこには、井上ひさし「未来への想像力」、色川大吉「自治と自由民権」、谷川健一「文化の火種としての地名」、松下圭一「市民文化の可能性」などを書いておいた。

「こんな著名講師が通常の講師謝金で来てくれるのかね」と尋ねる。「頼み方です。行政の革新をやりたいので協力して貰いたい、と心情を披歴して頼むのです。これらの方々は謝金の額ではない。自分に何を頼んできたかで心が動くのです」と弁じた。

所長は「それなら君が折衝してくれないか」と言う。「それでは研修部長が面白くない気持ちになります。文化室の職員がなぜ講師折衝をやるのかになりますよ」「いやそれはない。それより折衝して貰いたい」となった。

文化行政を必修科目にすることを交換条件に折衝を請け負った。

◎井上ひさし氏

電話をしたが、よし子夫人のガードで本人と話しができない。人気作家の井上さんには多様な依頼がくる。だが「こまつ座の脚本」も開演初日までに間に合わないときがある。健康管理もあって、よし子夫人の関所は鉄壁で、研修講師は頼めなかった。だがこの七年後に「文化ホールがまちをつくる」を学陽書房から刊行したことで、井上さんが郷里の山形県川西町で毎年お盆に開いている「生活者大学校」の講師に招かれることになり、そこでの見聞を講談社の「月刊・現代」１９９３年11月号に『川西町』を書いた。生活者大学校での二回の講義は「井上ひさしの農業講座」（家の光協会）に収録された。

それ以来、井上さんから新刊本を刊行の都度頂いた。書架には長編小説「一週間」（新潮社）、最期の戯曲「組曲虐殺」（集英社）、「東慶寺花だより」（文芸春秋）など87冊が並んでいる。

◎色川大吉氏

直接お会いする

電話で話すと「その内容なら神奈川県史編纂委員の近代史の江村栄一先生に依頼されるのが筋です」と断られた。電話では意が伝わらない。「会って下さい」、「会っても同じです。引き受ける訳にはいきません」、「会って下さい。会って下されば今の話しはしませんから」と。「それなら何のためにやって来るのか」と色川さんは思ったであろう。だが「とにかく会って下さい」の語調に「何かを感じた」のかもしれない。会う約束をもらった。

当日（１９８０年４月28日）、書架から色川さんの本８冊を取り出しボストンバックに入れて国鉄横浜線に乗った。東京経済大学のある国分寺駅まで、車内で次々と本をめくって朱線を引いてある頁に栞を挟んだ。

東京経済大学に着いた。指定された場所は研究棟の玄関ロビーであった。「会うだけ」だからであろう。挨拶をして、ボストンバックの本を出しテーブルに並べ、朱線の入った頁を開いて「ここのところを」「ここのところが良い」と言い始めた。色川さんは笑い出して「寄り切りで私の負けですな」「何日にいけば良いのですか」と言ってくださった。

自由民権百年大会の会場

研修当日は自治総合研究センターの玄関で出迎えて聴講した。昼食は所長の配慮で長洲知事お気に入りのレストラン（かおり）に行った（通常は講師控室での出前弁当である）。

色川さんから「自由民権百年全国集会の会場」が見つからないで苦慮しているとの話が出た。即座に「神奈川で開催して下さい」「相模は自由民権の歴史のある土地ですから」と言った。「三千人くらい集まります。会場がありますか」と訊く。「神奈川県民ホールは２４５０人の座席があります、会議室もあります」「それは有難い話ですが、二日間借りられますか」「大丈夫です」と答えた。傍らの所長は少し心配げな顔であったが「それはよい」と言った。全国集会は翌年の81年11月21日と22日である。

県民ホールの予約

県民ホールは山下公園に面した良い場所にある。二日間の予約を確保するのは簡単ではない。県庁には役所流儀の処世術に長けた人がいる。県庁内の人脈に詳しい人である。そのK氏に事情を話して頼んだ。「分かった」と引き受けてくれた。こうして会場は確保できた。

暫くして、色川さんから「会場のお礼」と「当日の祝辞のお願い」で長洲知事にお逢いしたいと連絡があった。文化室長にその旨を伝えた。

廊下を歩いていると部長室から怒声が聞こえた。応接の女性に「誰がやられているの」と訊いたら「貴方のとこの文化室長さんですよ」と言う。

壁新聞のころの県民部長は人事異動で交代していた。今度のTa部長は大声で部下を叱責することで有名であった。「廊下まで怒声聞こえる県民部」という川柳めいた噂のある部長である。

文化室に室長が帰ってきたので「何のことですか」と訊ねると「自由民権大会のことだよ」「自由民

権が文化室と何の関係があるのか」と叱られたと言う。

「何と答えたのですか」「あまりの剣幕で返答できなかった」とのこと。「文化行政は明治百年来の近代化の文化を問い直す仕事です」と答えてもらいたかった。「今度部長室に呼ばれたら私も連れていって下さい」と頼んだ。

突然の不在

さて、「知事表敬」の当日のことである。著名な歴史学者である遠山茂樹、色川大吉、後藤靖、江村栄一の方々が県庁にやってきた。当日の手順は、県民部長室に来て頂いて、県民部長が知事室に案内することになっていた。筆者は玄関で出迎えて八階の県民部長室に案内した。ところが部長室には誰もいない。部長、次長、文化室長の三人がそろっていない。応接の女性に訊いたが「知らない」と言う。「ハハーン」と思い「それならば」と思った。応接女性にお茶を出してもらって、内心で「今日は自分が県民部長である」と思いながら、「急用で部長は不在になりました」と言って一人で応対した。練達な先生方はこの日の情況を了察して「長洲さんもたいへんだな」と思ったであろう。

先生方に「これから知事室にご案内いたしますが、県庁の流儀では『どの部署が自由民権百年大会を担当するか』が重要なことです」そこで「先生方から文化室にお願いしたいと言って下さい」と話しておいた。

知事はにこやかに応対した。知事室には四人の客と知事と筆者の六人だけであった。案の定、知事は筆者に顔を向けて「担当は何処になるかな」と訊いた。「文化室でお願いできれば」と手筈どおりに遠山実行委員長が言った。「県民部でよいかね」と知事は筆者に言い「結構です」と答えた。それで県民部が担当することに決まった。先生方は少し談笑して帰られた。

この間、県民部幹部は何処に居たのであろう。示し合わせて不在になったのは、議会の多数会派に「自由民権百年大会」を県民部が望んで支援したのではないのだと、示したかったのであろうか。部長、次長、室長の三人はその間「何の話」をしていたのであろうか。

自由民権百年全国集会

一九八一年十一月二十一日と二十二日の両日、神奈川県民ホールで自由民権百年全国集会が開催された。全国から研究者、教員、学生、市民の約四千人が参集した。

会場は熱気に包まれ参加者は自由民権運動の歴史的意義について論じ合った。なかでも参加者が激しい拍手を送ったのは、壇上に並んだ、秩父事件（一八八四年、埼玉県秩父で農民らが借金の据え置きなどを求めて蜂起した事件）など、自由民権期に各地で起きた激化事件で殉難した民権家の遺族約七十人に対してであった。一世紀にわたって「暴徒」とか「逆賊」とかのレッテルを張られてきた民権家の子孫が名誉を回復した感動的な場面であった。

長洲知事は祝辞を述べ萬雷の拍手で会場提供を感謝された。歴史学者家永三郎、松本清張、小田実などの著名な方々が次々と登壇した。前年放映されたＮＨＫ大河ドラマ「獅子の時代」で主役を演じた加藤剛さんは「自治元年」のセリフを朗唱した。新聞・テレビはこれらを連日大きく報道した。

後日のことであるが、埼玉県の畑知事は「なぜ神奈川県なのか、秩父事件の埼玉でこそ開催すべきなのに」と嘆じた。それを聞いていた人が「埼玉県庁にはモリケイがいないからだ」と呟いた、と人づてに聞いた。

博報堂から知事室調査班に派遣職員で来ていた人が「文化室のやり方が本当の『県の広報』だ」と評したことも耳にした。（自慢げに言っているのではない。自治体は真剣勝負の職場であると言いたいのだ）

◎谷川健一氏

谷川さんの「文化の火種としての地名」の講義は刺戟的で新鮮であった。これがご縁になり、そのころ谷川さんが念願していた「地名全国シンポジュウムの開催」に協力することになった。知事室と連携して、川崎駅前の日航ホテルで、長洲知事と伊藤三郎川崎市長が揃って記者会見を行い、「地名全国シンポ」を「神奈川県と川崎市が共同して開催する」と発表した。これは画期的なことである。なぜなら、それまで、自治省の指図で自治体は「住居表示に関する法律」の先兵として地名を破壊しつづけていたからである。

「地名全国シンポジュウム」も盛会であった。谷川さんの人脈で全国から著名な学者、郷土史家、作家、出版関係者、行政職員が参集した。まことに多彩な顔ぶれであった。

開催日の直前には、桑原武夫氏が「地名と柳田学」の記念講演を行った。メディアはこれらを全国に報道した。川崎と神奈川の文化イメージは全国に広がった。だがこのときも、「なぜ文化室が関わるのか」と県民部長は機嫌を悪くした。「知事室に直接連絡する」のが不機嫌の種である。だが、事前に話をすれば「その必要はない」になるのは必定である。川崎市は（財）地名研究所の設立にも協力した。そして筆者が三年後に共編著で刊行した「文化行政とまちづくり」（時事通信社刊）に谷川さんは「地名と文化行政」の原稿を書いてくださった。

◎松下圭一氏

松下さんと最初にお会いしたのは、この講師依頼よりも以前のことである。１９７９年11月8日と9日、横浜国際会議場で開催した全国文化行政シンポジュウムのパネリストとして出席を依頼したときであった。場所は朝日新聞社の最上階レストラン「アラスカ」であった。そのころ朝日新聞社は有楽町駅前に在り、松下さんは「論壇時評」を担当されていた。その日は校正で朝日新聞社に来ていられたからである。爾来35年のご交誼を頂いている。

日本で最初の文化行政の本である「文化行政─行政の自己革新」（学陽書房）の共編著者にもなって下さった。北海道の自治土曜講座にも講師で度々お願いした。「新自治体学入門」時事通信社刊（２００８年）の推薦書評も書いて下さった。

かくして、「文化行政」は職員研修の必修科目になり筆者は講師を何度となく務めた。

文化行政を自治体の政策潮流にするため、「文化行政全国シンポジウム」「文化行政全国会議」「文化の見えるまちづくりフォーラム」を企画開催した経緯は『文化の見えるまち』（公人の友社・２００９年刊）に記述した。

4　行政ポスターコンクール

役所は毎年、多種多様な大量の印刷物をつくる。経費も莫大である。だが、デザイン性の欠落した所謂お役所の印刷物であった。

そこで、行政文化革新の手始めに「刊行物の文化水準」を高めることを考えた。各課がつくった行政ポスターの出来栄えを審査するコンクールである。

神奈川県庁舎は本庁舎三階と新庁舎四階の間に道路を跨ぐ連絡通路がある。両側は厚ガラス張りの見晴らしの良い長廊下である。その片側に発砲スチロールを貼りつめて壁面にして「行政ポスター」を一斉に掲示した。多さに驚く壮観であった。審査基準は、

①「温かみ」が感じられる。

②「メッセージ」が明確である。

③「美しくてキレイ」とした。

審査員は、

行政各部から女性職員一名、県政記者室の各社一名、商工部デザイン指導室の専門家、の23人で、「最優秀」1枚、「優秀」3枚、を選定して頂いた。

知事名の賞状を作成担当の職員に差し上げた。賞品はない。

三週間掲示を続けた。新聞各社が報道して話題になった。狙いは、役所の「慣例」や「仕事の仕方」を「温

かみのある柔軟な発想」に改めることにある。

その革新を「行政の文化化」という言葉で表現した。

ポスターコンクールは「行政刊行物の文化化」である。「行政用語の文化化」も試みた。

5　行政用語の見直し

行政は数多くの文書を団体や個人に郵送する。その宛名の「敬称」は全て「殿」である。「殿」は少しく権威的である。

例えば、作文コンクールで入賞した小学生への「案内状や賞状」も「殿」である。小学生には「様」が良いではないか、と知事が庁内放送で呼びかけた。途端に宛名書きは一斉に「様」に変わった。「殿・様論争」と評された。

しかしながら、全てを「様」に変えれば良いというものでもない。「殿」が相応しい場合もある。また、封書の宛名を「様」に改めても、封書内の文言が「役所言葉のまま」ならば、何の意味もない。役所の改革はとかく上辺だけの画一改革になる。であればこそ、その「役所流儀」を改めなくてはならない。

行政文化の革新には「行政職員の自己革新」が不可欠である。

6　神奈川県の情報公開条例

(1) ことの始まり

長洲一二知事は1975年の就任直後から「県政への県民参加」を唱え、職員にも政策提案を幾度となく呼びかけた。

これに応えて県民部は「県政参加の方策を考えるプロジェクトチーム」を設けた。増田次長をキャップに県民部の室課からメンバーが選ばれ筆者も文化室からチーム員として加わった。

七ヶ月の論議を経て三つの参加制度が報告書に書き込まれた。

1 県政情報の公開と提供の条例
2 県政参加の県民会議の設置
3 県行政への苦情手続の制度

県民部長は具体的な制度提案の報告書に困惑した。議会の理解を得るのが困難と考えたのであろう、報告書は「内部文書扱い」になり「部外秘」になった。

(2) 事態の転回

このころの長洲知事は県政革新に「やる気」があった。

知事室の隣に「調査室」をつくり、「調査担当参事」の職名で外部から久保孝雄さんを知事特命として入れていた。その調査室に「県民部でプロジェクト報告書が部外秘になった」と伝わった。

知事が部長会議の席上で、県民部長に「県民部ではプロジェクトチームの報告書が纏まったようですね」と言った。「ハイそうです」と答えざるを得ない。

「今日の午後、時間を空けますから、チームリーダーに説明に来るように伝えてください」と言った。

(以下は増田次長から聞いた話)

増田さんは一人で知事室に行くことを懸念した。部内扱いになった報告書である。自分ひとりで責任を背負わなくてはならなくなる。県民部担当の湯沢副知事に相談して部長も一緒に行くことになった。

知事室で説明すると、「増田君、三つの提案だが、最初にやるのはどれですか」と訊かれたので、「県民に県政参加を呼びかけるのなら県政情報の公開・提供をしなくてはなりません。情報公開条例が一番目だと思います」と答えた。「そうだね、良い報告書です。ご苦労様でした」と言ってくれた、と増田さんから聞いた。

(3) 定例記者会見で発表

長洲知事は翌日の定例記者会見で「県政情報の公開条例を制定します」と発表した。新聞は「神奈川県が情報公開条例の制定に着手」と一面トップの七段見出しで一斉に報道した。矢は弦を放れた。もはや引き返すことは出来ない。

県庁内の幹部は新聞を見て驚いた。霞ケ関の省庁官僚も驚いた。事件であった。

東京の隣の神奈川県が「公文書を公開する条例」を制定するというのである。驚愕が霞ケ関を駆け巡ったであろう。

後藤田内閣官房長官が「機関委任事務は国がお願いした仕事ありますから、自治体の判断で文書公開するのは如何なものか」とテレビで語っていた。

神奈川県の地理的有利性で、著名な学識者による条例案策定委員会が設けられた。

庁内からは、選りすぐった職員が事務局に配置された。

(4) 匿名座談会

全国の革新首長は、「お上の行政」から「市民の行政」への転換を目ざしていたので、神奈川県の情報公開条例の策定を、固唾を呑んで見守った。

革新市長会は「地方自治通信」という月刊の政策情報誌を刊行して市販していた。編集長の大矢野修さんが「神奈川県の情報公開条例案を考える」という匿名座談会を企画した。そこに筆者も参加した。

県職員でありながら参加したのは、検討中の条例案を「欠陥条例」だと思っていたからである。

欠陥の第一は、原則公開を掲げながら、「公開しなくてもよい公文書」を抽象文言で列挙し、その文言解釈を行政職員（所属長）が行うことにして、非開示に不服があれば、開示請求者が「審査委員会に申立てる」という制度手続にしたことである。

これでは、行政の判断で「見せたくない文書」を「非公開にして時間稼ぎ」ができることになる。

欠陥の第二は、市民の開示請求権を「意図的に妨害する行政職員」を罰する規定を定めていないことである。

すなわち「請求された表題の文書は見当たりません」などと言って、公開に伴う上司の困惑を「庇う職員」の出現を抑止しない条例である。

すなわち、「故意または重大な過失」で、県民の開示請求を「妨げた行政職員の行為」を罰する規定を欠いていた。

神奈川県の公開条例は全国自治体の先例になる。欠陥条例であってはならないと思い座談会に出席した。

神奈川県庁内で条例案を検討中に、匿名座談会「神奈川県の情報公開条例を考える」を掲載した月刊誌・地方自治通信が書店に並んだ。

県職員が参加しているのではと県民部幹部は神経を苛立たせた。

(5) 神奈川新聞のスクープ報道

条例案の検討が最終段階に入ったころ、神奈川新聞に「条例案の全文」が掲載された。すっぱ抜き報道である。(その経緯をここに記しておく)
ある日、顔見知りの神奈川新聞のM記者が文化室にやって来て「検討中の条例案の内容が皆目分からない」「これでは県民は蚊帳の外だ」と呟いた。
筆者は「検討案はこれだよなぁー」と呟いて机上に置いてあった資料を眺めた。

M記者は「いいですか」と目顔で訊く。「いいよ」と言ったわけではないが、「ちょっとトイレに行って来る」と呟いて席を立った。

後日に聞いたことであるが、神奈川新聞の編集責任者が掲載前日に県民部幹部と対面して、「これを報道するが、事実と異なる部分はあるか」と質した（裏をとった）とのことであった。

検討案全文が神奈川新聞に報道されて県民部幹部はまたもや神経を苛立たせた。

(6) 議員の質問文

情報公開条例の議会審議が始まったころ、友人から「懇意にしている議員が本会議で質疑をするので質問文を書いてくれないか」と頼まれた。かねてから、行政職員が議員の質問文を書くのは宜しくないと思っていたのだが、「情報公開条例の質疑をする」と言うので引き受けた。

二つの論点を書き込んだ質問文を友人に手渡した。

1　条例案に県政情報（公文書）を原則公開すると規定しながら、「行政幹部の判断で非公開にできる」としたのは、「公開原則」に反するのではないか。公開できない文書であると解釈判断した行政（所属長）が、審査委員会に申立て承認されたときにのみ、非公開とすべきではないのか。

2　公開になると困る上司のために、「表題の公文書は見当たりません」「請求文書は政策策定中の問題と関連するので開示できません」などと言って、窓口応対で、県民の開示請求権を妨げる職員を罰する規定が必要である。知事はこれを如何に考えるか。

その議員が質疑する本会議を傍聴した。だが肝心の部分は省かれていた。「どうしてなんだ」と友人に訊ねた。

その議員が本会議の前日に、県民部長室で「このような質問をしてもよいか」と話した（相談した）とのことである。

当然、県民部長は「それはヤメテください」になったであろう。

そして部長は、「このような質問文を書いた職員は誰か」と思ったであろう。

7　ジュリスト論文顛末記

１９８０年10月、有斐閣編集部から「ジュリスト総合特集」への原稿執筆の依頼がきた。「月刊・ジュリスト」は「法律専門誌」のイメージであり、法学部出身の筆者には悪い気はしない。依頼されたテーマは「首長・議会・職員の相互関係」であった。

年末年始の休みを使って執筆した。

御用始めの１月４日の夕刻、新橋駅前の郵便ポストに投函した。そのときの「ポトリ」の音を妙に憶えている。一心に集中して執筆したからであろう。

総合特集（22号）が刊行されて3カ月が経過した1981年4月2日、神奈川県議会で自民党議員が「県職員が議会を批判している」と知事に批判の質疑をした。

本会議で議員が職員を名指して批判するのは異例のことであった。

長洲知事は「遺憾である」と答弁した。

その直後、ドヤドヤと数人の記者がやって来て、座席を取り囲んで「知事は陳謝したがどう思うか」と意見を求めた。「何も申しあげることはありません」と答えた。記者は「なんだ、それじゃダメだ、記事にならん」と引き上げて行った。

その直後、渋谷県民部次長から「記者が怒っていたぞ、知事も謝ったのだから、君も謝る謝るべきだよ」と（助言？）された。

だが、「謝るような悪いことをした」とは思っていなかった。

翌日の新聞は大きな見出しで一斉に報道した。

朝日　県幹部職員・雑誌に県政批判論文

　—「無責任」と議会がヤリ玉—

読売　職員の論文で物議「大人げない」の声も出て

　「役職者はことなかれ」「50歳以上無気力」

サンケイ　県幹部の〝県議批判論文〟騒動

　—正論？だが議員はカンカン—

長洲知事あっさり『遺憾でした』
毎日　議員を痛烈に批判
―中堅県職員の論文に論議―
東京　県幹部が〝勇み足〟論文
県と県議会を「無気力、無能」と批判
―議会の追及に知事陳謝―
神奈川「知事の〝陳謝〟に不満も」
―県職員論文問題で庁内―

県民から「議会」と「知事」に抗議電話が相継いだ。
筆者には「新年茶会の初釜に招待したい」などの激励電話が届いた。

神奈川新聞の渡辺デスクが「横浜市の飛鳥田市長はこのようなときには職員を庇うが、長洲知事は遺憾ですと陳謝した」と論評を書いた。

朝日新聞は全国版「論壇」に、弁護士の投稿「公務員の表現の自由確保を―議員活動に名を借りた介入を防げ」を掲載した。

朝日神奈川地方版は―人・ひと」欄に「筆者のインタビュー記事」を写真入りで掲載した。

小林直樹（東大教授）は〝自治体職員の言論の自由〟のタイトルで、「地方の時代」という標語の発案者として先駆的な自治行政を推進している長洲知事さえも〃陳謝〃と〃弁明〃に終始したらしい。県民からすれば、知事の陳謝こそが〃誠に遺憾〃と言うべき事態であろうと評した。(ジュリスト・1981-12-1号)

それらの後日、長洲知事が「森君には今後も頑張って貰いたいと思っている」と部長会議で異例の発言をした、と幹部の方から教えられた。

だが、壁新聞を庁舎の洗面所に貼り、自由民権大会に会場を提供し、さらには、情報公開条例案の検討中に座談会に出た(に違いない)など、庁内の作法に反し上司に従順でない職員へのTa県民部長の怒りは「知事の発言」では治まらなかった。

県民部長室に森文庫

暫くして、県民部長室の書棚に、筆者がこれまでに執筆した「本」と「掲載雑誌」が収集されていた。それは、「総務室職員が総がかりで、地方公務員違反の文章表現を探した」ものであった、と部長応接の女子職員がこっそり教えてくれた。(かく記述しても、35年が経過しているので迷惑にはならないであろう)

知事が庇おうとも、筆者の首を「地方公務員法違反」として、議会多数会派に差し出すためであった。(そのとき撮影した県民部長室書棚の「森文庫」の写真は今も手元にある)

それからの二年間、県民部総括企画主幹の座席に座すだけの毎日であった。何もすることがないので、

「文化行政とまちづくり」の本を（田村明さんと共編著）で時事通信社から刊行した（１９８３年３月１日刊）。

１９８３年５月、自治総合研究センター研究部長に異動となった。

後日に聞いた話であるが、自治総合研究センターの部長職の管理職手当は11％で、本庁の総括主幹は12％であったから、人事異動の日に遡って自総研部長職の管理職手当を12％に改正したとのことである。（左遷したとの風評を避けるためであるの由）

自治総合研究センターには、管理部長、研修部長、研究部長の三つの部長職があった。他のお二人も12％の手当になった。

新たな職場は座席から横浜港と氷川丸が眺望できた。まことに快適な気分であった。

8　政策研究交流会議

(1)「政策研究」の言葉

１９８３年5月1日、自治総合研究センター（研究部長）に赴任した。

新たな仕事は、県職員の「政策研究」を盛んにすることであった。研究活動を盛んにするには、「政策研究とは何か」を明晰にしなくてはならない。

「政策研究」と「政策研修」の違いも明確にしなければならない。

ところが、そのころの自治体には「政策」の用語は無かった。使われていたのは「事務事業」であった。

そして「政策研究」ではなくて「調査研究」であった。「政策」は省庁の言葉だと思っていたのである。自治体職員が政策能力を高めるには「政策の言葉に慣れる」ことが必要だと思った。「政策研究」の言葉を自治体に広げることを考えた。

そこで、自治体を対象に刊行していた複数の月刊誌の編集長に電話をした。「自治体に政策研究の波が起きています」「特集されては如何ですか」「誌面企画に協力します」と提案した。

1984年9月号、月刊『晨』の「特集・政策研究へのプロローグ」は、日本で最初の「政策研究の特集」であった。

・巻頭対談「政策研究の意味と可能性」対談・(松下圭一・田村明)
・自治体の政策研究の現状と課題　森　啓
・動き出した政策研究への大きな流れ　五十嵐富秀

続いて、『月刊・職員研修』も「自治体職員の政策研究」を特集した。

「政策研究」が「旬の言葉」になり、自治省の自治大学校から「自治体の政策研究」の講演を依頼された。府県の研修所長が集まっていた。

次のような話をした。

神奈川県では、「公務研修所」を「自治総合研究センター」に改組して「研究部」を設けました。「職員の政策能力」を高めるには「政策研究」が必要であると考えたからです。政策研究が研修所の重要な役割になっていると思います、と話した。

そして自治大学校の教務担当者に、「政策研究の全国動向を調査されては如何ですか」と提案した。自治大学校から「政策研究の実態調査用紙」が届けば、回答を求められた自治体は「政策研究」が時代の潮流になっていると思うであろう。

政策研究の言葉を広めるためである。

(2) なぜ「政策研究」の言葉にしたか

一方に、行政学に「Policy Studies」つまり「特定政策の実証研究」の用語がある。「政策研究」では「特定政策を対象にした分析的な研究活動」の意味に受け取られる。

事実としてそのころ、学者は「自治体の政策研究とは政策の調査研究のことである」と意味不明な説明を研修所で話していた。そして内心では、(公務員がなぜ政策研究をするのだろうか) と思っていた。国家学の学者には「自治体と地域に起きている地殻変動の意味」が理解できないからである。

そして他方では、自治体で始まった「自主研究」や「政策課題研究」は、内容に即して言えば、「政策研究」よりも「政策開発」あるいは「政策提案活動」の言葉が正当であった。

それをなぜ、「政策研究」の言葉にしたか。

「政策研究」の言葉には曖昧さと誤解が伴う。だがその曖昧さが大事であると考えた。その意味は次のとおりである。

科学技術が発達して、都市的生活様式が全般化し前例のない公共課題が次々と噴出した。自治体はこれらを「政策課題として設定」し「その解決方策を開発」しなければならない。

ところが、自治体の部課長は省庁政策への従属が習い性になっていた。展望的視界を失っている部課長には、前例なき公共課題を解決する政策を構想し立案することができない。しかしそれでは、省庁政策の下請団体から脱することはできない。

新たな政策形成システムを自治体内に構築しなければならない。即ち、政策立案の前段階に、様々な主体による「課題発見」と「方策開発」の営為を位置づけて、「政策の質を高める仕組」を自治体内に構築しなければならない。そしてその仕組みを部課長に納得（容認）させなければならない。

だが、自分の所管業務に政策提案される（外から言われる）ことを極度に嫌がるのが部課長である。簡単には納得しない。

部課長が納得せざるを得ない状況をつくるには、様々な主体による「課題発見」と「方策開発」の実績を積み上げることである。政策研究の成果物を多様に蓄積することである。

ライン以外の自治体職員や市民が政策形成に関与する方途を拓くことは、政策形成をラインの独占から解き放つことである。所管セクショナリズムの枠を緩めることである。

すなわち、「政策立案」の前段階に「政策研究」（実質は政策提案）の段階を位置づけることは、真正な意味での「職員参加」であり「市民参加」である。

しかしながら、当然それは容易なことではない。だがそれをやらなければ、自治体は政策主体になれない。前例なき公共課題を解決する政策形成システムを装備できなければ「地方政府」になれない。

地方政府とは自前政策を立案し実行することである。

だが、「政策開発」「政策提案」と言えば、部課長は一斉に嫌悪反発する。だから今は、曖昧な「政策研究」の言葉が良いと考えた。

そこで、当分の間は「政策研究」なる「曖昧なことば」を使いながら、「課題発見」と「方策開発」の成果物を蓄積する作業を自治体内に慣行化することである。そうすることで、やがては、「政策研究」なる言葉が「明晰な概念」になり、「輝くイメージ」を有するに至るであろう、と考えた。

かくして現在､「政策研究」の言葉は行政内文書の用語になり、著作や論文も多数刊行されて定着した。行政学の政策研究は「特定政策の実証的分析的な事後的研究」である。

自治体の政策研究は「課題を設定し解決方策を開発する未来創造的研究」である。

「政策研究」なる用語の選択は正解であったと思う。

(3) 自治体政策研究交流会議

政策研究への関心が高まって、全国各地から筆者の研究部にも視察が来るようになった。この関心の高まりを「自治体の潮流」にするため、政策研究の「全国交流会議の開催」を考えた。

所長も賛成して準備が進んでいたころ、所長室に呼ばれた。

名称を「研究交流会議」にしてはどうかと言われた。「なぜですか」と訊くと、「地方公共団体が政策を言うのはどうだろうか」「神奈川県が偉そうなことを言っていることにもなるから」と言う。

所長と研究部長の関係である。「ここで結論を出さないことにしなくては」と思い、「言われている意味は分かりますが、削ってしまうのもどうかと思います。考えてみます……」と言って所長室を出てきた。そして、研究部の人たちに「森研究部長は名称を変えると言っていたか」と、所長に訊かれたら、『知事に政策研究交流の名称が良いねと言われたのだ』と言っていました、と答えるように頼んでおいた。

もとより知事と話した訳ではないが、そのようなときには、知事の名前をよく使ったものである（自治体職員が何か意味あることをしたいと思ったときには、首長の意向であると言うのがよい。選挙で出てきた首長は概ね現状変革を求めるものである。役所内で改革を遮るのは現状維持の管理職である。そして部課長は首長に「本当にそう言ったのですか」とは確かめないのである）。

「政策研究の言葉」を広めるための交流会議である。「政策」の言葉を削ることはできない。さりとて所長を無視することもできない。

そこで、横浜市企画財政局都市科学研究室、川崎市企画調査部、埼玉県県民部自治文化振興課に赴いて、「政策研究交流会議」の共同開催を提案した。「経費負担は不要、当日主催者の席に座していただく」ことで賛同を得た。

共同開催であるから所長の一存で名称変更はできないことになった。

こうして、全国への案内文書も、当日のパンフレットにも「自治体政策研究交流会議」と印刷した。「第一回自治体政策研究交流会議」と書いた看板も出した。
そして、会場入口に次の「メッセージ」を張り出した。

自治体に政策研究の波が高まっている。
この波は、自治体が自立的な政策主体になったことを示すものである。

戦後四十年、いまや「政策の質」が問われ、
自治体では総合的な観点からの政策研究が必然になっている。

自治体は現代社会の難問に挑み問題解決をはかる
現場であり、仕事を通して議論をたたかわせる論壇である。

自治体を舞台に「自治体学」の研究がすすみ、
新しい理論が確立されることを
「時代」と「地域社会」が求めている。

参加者は立ち止まってこの「メッセージ」を読んでいた。

カメラに写す人もいた。

1984年10月18日、横浜港を眼下に眺望する神奈川県民ホール六階会議室で「第一回・自治体政策研究交流会議」を開催した。

北海道から九州までの全国から、一四〇団体・三五二人の自治体職員と市民と研究者が参加した。

この「政策研究交流会議」から「自治体学会」が誕生したのである（注1）。

自治体学会は自治体職員が中心になって設立した学会である。

政策研究交流会議から自治体学会が誕生するに至る経緯は、本書六章に記述する。

（政策研究交流会議の詳細は時事通信社の「地方行政（84年11月10日号）」と「地方自治通信（85年2月号）」に掲載されている）

9　北海道自治土曜講座

1993年2月25日、北海道大学学長から知事に筆者の割愛依頼の文書が届き、4月1日、北海道大学法学部に赴任した。

1995年、北海道町村会の川村喜芳常務の提唱で北海道自治土曜講座が開講され筆者は実行委員長の役を担った。

土曜講座は何を目指したか

北海道土曜講座が目ざしたのは、受講者それぞれが「自分の見解」をもつことであった。土曜講座は「知識習得」の場ではない。講師の話を丸ごと受容するのではない。講師の話は「思考の座標軸」を確かなものにするためである。「自身の思考力」を高めることが土曜講座の目的である。

７０年代に、「国家統治・中央集権・行政主導」の国家学理論に対して、「市民自治・地方分権・市民参加」の自治体理論が提起され、「情報公開条例」などの市民自治制度の制定が始まった。

８０年代には「まちづくり」の言葉が広がり「文化行政」「自治体の国際交流」「都市景観」など、自治体独自の政策開発が盛んに行われた。

それは、「タテワリ省庁の画一政策」への批判であり「地域実態に合ったまちづくり」の広がりであった。全国各地に参画型の市民運動が様々に展開された。

自治体職員の自主研究グループが叢生し、行政学の概念とは異なる「政策研究」の用語が自治体に広まった。

８０年代には自治体に政策自立の熱気が高まったのである。

だが、９０年代にアメリカの内需拡大要求と政官業癒着の財政乱費によって財政危機が増大し、成長経済の終焉と共に社会全体に「状況追随思考」が蔓延し「批判的思考力」が著しく衰退した。

「中央従属の意識」からの脱却は容易ではなかった。

しかしながら、自治体存立の意味は「住んでいることを誇りに思える地域社会」の創出にある。中央従属の惰性思考から脱却して政策能力を高めるには自治体理論が必要であった。

以上のような状況のなかで、北海道土曜講座は自治体学理論の習得を目指して、1995年6月、北海道町村会が事務局を担って開講した。

土曜講座の成果

一六年間の土曜講座には多くの成果があった。

第一は、受講者がお互いに知り合ったことである。

土曜講座の受講者は、問題意識を有するが故に「何とかしなくては」と思い、発言し行動して評価されず、ときには「切ない思い」もしていたのである。職場でも地域でも少数者であった。

その受講者が、満席の会場で熱気を体感し隣席と言葉を交し名乗り合い、問題意識を共有し知己となった。

土曜講座の当初のころは「講師を囲む交流懇談会」を盛んに開催した。全員の「一分スピーチ」を毎回行って、自分と同じ考えの人が「沢山いるのだ」を実感した。

北海道は地域が広いので、他の地域の人と言葉を交わす機会は少なかった。土曜講座で知り合い語り合った「仲間の輪」が北海道の全域に広がった。何かあれば連絡し合える「親密な仲間の輪」である。「知り合った」ことが土曜講座の第一の成果である。

第二は「話す言葉」「考える用語」が変わった。「地方公共団体」が「自治体」に変わり、「地方公務員」が「自治体職員」に変わった。これまで使わなかった「自治体政策」「政策自立」「地方政府」「政府信託」などの「用語」で考えるようになった。「言葉・用語」は思考の道具である。「言葉が変わる」ことは「思考の座標軸」が変わり、「発想」と「論理」が変わることである。

「地方公務員」から「自治体職員」への用語変化は、「職業意識」「職業倫理観」をも変化させる。「国家統治」から「市民自治」への自治体理論に共感する。

「中央が地方の上位」と思っていた（思わせられていた）長い間の思考習慣からの離脱が始まったのである。

かくして、「目前の問題」を「過去から未来への時間軸」で考える主体が北海道の各地に誕生した。土曜講座の成果である。

第三は、ブックレットを刊行したことである。

講座での共感と感銘は時間の経過と共に薄れるが、ブックレットにしたことで甦る。講義を刊行物にするのは手間のかかることであるが、受講しなかった人にも講座内容を伝えることができた。公人の友社から刊行して全国の書店に出回り、自治体関係者の間で北海道土曜講座が話題になった。評価も高まった。例えば、講師依頼のとき「やっと私に話が来た」と言って快諾して下さるようになった。いくつかの大学院のゼミでも教材に使われた。

１１６冊に積み重なったブックレットのタイトルが、そのまま「自治体課題の変遷」を物語っている。

受講申込を締め切る

開講のときは、「七回講座で受講料一万円」の講座に受講者が集まるかを心配した。だが申し込みが殺到した。事務局は360人で締め切って受講申込を断わった。

筆者は「受講したい人を断らないで下さい」と事務局に要望した。「会場に入れなくなります」「受講料を受取って会場に入れないでは責任問題です」が事務局の返答であった。「断らないで下さい、責任問題にはなりませんから」と言い続けた。

二年目は無制限に申し込みを受け付けた。八七四人の受講者を収容できる会場を探したが見つからない。止む無く、借用費は高額だが厚生年金会館の大ホールを借りた。

このときの午前の講師は、五十嵐広三さん（元旭川市長・元内閣官房長官）であった。午後は北大教養部の講堂と大教室の二会場で同時並行の講座を行った。講師は講義が終わると二つ目の会場に直行して同じ講義を行った。

3年目の97年は、公共施設を毎月土曜日に確保するのは困難であるから、受講者を500人で締め切って北大教養部の細長い講堂で行った。そのときも「受講したい人を断らないでください」と言い続けた。「満席で溢れ出た光景」の現出が重要だと考えたからである。

例えば、満席で立錐の余地もない。後方は立っている。机と机の間の通路にも、演壇の周りにも座っている。会場に入れなくて窓から覗いている人もいる。その光景を現出したいと思った。

事務局は無茶で無責任だと言う。けれども、遅れて来た人がそれを見たら、怒って文句を言うであろうか。その光景に驚き「これは何であろうか」と思うであろう。そのような「ありうべからざる状況の現出」が「土曜講座を歴史に刻む」ことになるのだと考えた。

「省庁通達の従属」から「吾がまちをつくる」への思考転換は簡単なことではない。自治分権の講義を聴いて感銘を受けても、職場での実践行動には必ずしも繋がらない。

「知識」が「実践行動」に連結するのは価値軸の転換である。

「価値軸の転換」とはこれまでの考え方が揺らぐことである。「心の揺らぎ」である。

「講義を聴く」のも大切だが「何かが始まっている」を「身体で感じる」ことが何倍も重要であると考えた。

四年目も５００人を超える受講申し込みがあった。「今年こそは会場から溢れ出る」と思い、心躍らせ会場に出かけた。だが会場入り口のロビーに大型モニターテレビが二台据え付けられて椅子が並べてあった。椅子に座しての聴講では「驚嘆の揺らぎ」は誘い出せない。

北海道の各地から参集

稚内、網走、釧路、帯広、函館などの遠隔地からは、未明に出発し運転を交代しながら四時間かけてやってくる。礼文島・利尻島からは前日に船で稚内に渡り、夜行列車で早朝に札幌に着き小憩して10時からの講義を聴いた。

宮城県町村会の女性職員は数年続けて航空機で毎回の講義を受講した。交流会で「ボーナスの全額を毎回二泊と飛行機の費用に当てています」と語って拍手に包まれた。

なぜ多くの人が集まったか。「何かが始まる」を予感して「そこに行けば遭遇できる」と思ったからであろう。爆発的な土曜講座の興奮は「時代転換の兆し」を表現していた。会場はいつも満席で熱気に満ちていた。

新聞各紙が報道

当初のころは新聞各紙が大きく報道した。北海タイムスは立見席で聴講する満席の講座風景を写真入りで報道した。北海道新聞はコラム・卓上四季に「公務員が自費で勉強を始めた」と書いた。「今年も土曜講座が始まる」の新聞報道で土曜講座は5月の風物詩になった。

なぜ報道したか。

それまでは、地方公務員は元気のない職業集団であると思われていた。その公務員が自費で勉強を始めた。内容は「自治体の政策課題」であり「政策自立」である。

土曜講座は「新鮮な衝撃」であった。何かが始まる「兆候」であると報道関係者も直観したからであろう。

筆者は、第一回講座の開講挨拶で「時代の転換期には学習熱が高まります」「自由民権運動も若者の学習から始まりました」「これは事件であります」と述べた。

16年の継続講座

16年は、10歳の小学生が中学・高校と進学し、大卒ならば社会人になって4年が経過して、土曜講座を受講している人もいるという歳月である。

若き日の受講者は管理職になり、退職した受講者もいる。首長になった人は10人を超える。議員になった人もいる。講座回数は九一回、刊行したブックレットは一一六冊。会場は北海道大学から２００２年に北海学園大学に移った。

16年継続できたのは事務を担うスタッフの自発的協力が続いたからである。開講当初は北海道町村会が事務局を担った。だが町村会の常務理事が交代して、２００１年からは自主参加のスタッフ編成で講座を続けた。スタッフの顔ぶれは変わったが講座案内・会場設営・講師接遇・講義記録などの用務を献身的に担ってくださった。

幕を引いたのは

土曜講座の役割が終わった訳ではない。解明するべき自治体課題は次々に生起する。市民自治の実践理論の研鑽と行政の責任回避の構造究明が終わる訳はないのである。土曜講座が企画するべき「テーマ」は際限なく生起する。終わった訳ではないのだが、受講者の数が次第に少なくなった。翌年当初の開催に必要な繰越金も減少し、道外講師を依頼するのも窮屈になった。スタッフも少人数になり少しく草臥れてきた。

受講者の減少は、各種の団体や組織が有名講師の無料講演会を開催するようになったことも一因であろう。「メールとホームページ」での開催案内であるから、新規受講者に伝達でき難い。

新聞には、知己の記者が開催記事を書いてくれるのだが、掲載時期の関係で受講申込に連動しない。開講のとき7人であった実行委員も川村と森の２人になった。

北海道土曜講座を「野垂れ死」の終焉にしてはならない。幕引きの潮時であると考えた。最終講座で宮本憲一先生は土曜講座の再開を繰り返し勧めて下さった。松下圭一先生は「今度は北海道の各地域で小規模の学習講座として復活するでありましょう」と期待を述べて下さった。

自治体理論

土曜講座は意味ある果実を蓄積したであろうか。土曜講座の受講者は「自治体理論」を自身のものにしたであろうか。厳しく顧みるならば、十分であったとは言えない、のではあるまいか。

例えば「市町村合併のとき」である。

２０００年に入って省庁主導で市町村合併が促進された。小泉内閣の新自由主義による「効率重視・地方切捨」の市町村合併が強要された。

長野県と福島県の知事は例外であったが、全国の知事は自治省事務次官通知に従った。行政学・行政法学・財政学の学者は府県の合併検討委員に就任して合併促進に協力した。

そして、自治労はなぜか（組織破壊を受けない密約をしたからか）総務省主導の合併促進に沈黙した。市町村長は「交付税削減の兵糧攻」と「まやかしの合併特例債」で次第に「合併やむなし」になっていった。そのときのことである。

いざそのとき

土曜講座の受講者は問題意識のある有能職員であるが故に、人事異動で合併担当に配置された。通常事務の優良公務員では合併問題に対応できないからである。

このとき受講者の自治体理論が試されたのである。

首長と議会は「合併容認」である。職員が真正面から「異を唱える」ことはできない。だがしかし、「如何に考え・如何に行動するか」の論理を考える場面である。その論理と実践が自治体理論である。すなわち、自治体職員は首長に雇用されているのではない。雇用主は市民である。合併は地域の重大問題である。四年任期の首長と議員だけで決定することではない。合併は選挙で託した「代表権限の範囲」を超える重大問題である。

土曜講座で学んだ「市民自治理論」「政府信託理論」を基にして「自分に何ができるか」を考える場面であった。

例えば「正当な判断資料」を作成して地域の方々に配布する。それは合併協議会担当の職務範囲であるのだから「自分の裁量でやれる」ことである。

つまりは「どちらを向いて」職務を行うかである。その「論理と実践」が自治体学理論の実践である。「市民自治の主体」である地域の方々が合併問題を考える状況をつくり出す。その勇気と行動が「自治体学理論の実践」であるのだ。

しかしながら実際は、合併容認の資料づくりに能力を発揮した。自治体理論は「いざそのとき」に役立たなかったのである。

土曜講座最終回の論点

最終回（２０１０年8月28日）の午前の日程は、松下圭一教授が「市民自治の理論」、筆者は「自治体学の実践論理」の講義であった。

筆者は講義の冒頭で、「今朝、会場に来る前に私の『新自治体学入門（時事通信社刊）』の第四章（市民自治基本条例）を読み直しました。どこも手直しするところはない、良く書けていると思いました。皆さんも読んでみて下さい」と述べた。

なぜ述べたか。「自治体学の実践論理」の論点を明示するためであった。

最終講座の２０１０年8月28日の時点で、自治基本条例を制定した自治体は１８０を超えていた。最終土曜講座の直後に行われた北海道余市町の町長選挙で、初当選した町長は「自治体の憲法である自治基本条例を制定します」とラジオで抱負を語った。

自治基本条例の制定が流行になっていた。流行になったのは、学者が「通常の条例制定手続きでよい」「首長と議会で決めればよい」「市民は制定に必ずしも関わらなくてよい」と言説したからである。

しかしながら、最高規範条例を機能させる担保力は「市民の規範意識」である。現在の制定手続きで、基本条例をいくら制定しても「役に立たない基本条例」である。役に立つ市民自治制度にはならない。

七〇年代以降、「情報公開条例」「環境アセスメント条例」「オンブズパーソン制度」「政策評価制度」「パブリックコメント制度」などの「市民自治制度」が相次いで制定された。だが、どれも機能せず役立っていない。死屍累々である。そして今度は基本条例の流行である。学者は「市民自治制度」が形骸化したのはなぜであるかを考えるべきである。

実践論理

筆者は午前の講義で、「知識として知っている人」と「ホントウに分かっている人」との違いを次のように説明した。

波風がないときには（自分に非難が返ってこないときには）立派なことを言うけれども、不利になると素早く判断したときには「黙り、曖昧なことを言う」人であると述べた。

二〇〇五年の降って湧いた「市町村合併」のとき、平素は「自治分権」「財政自治」を唱えていた学者は、「合併促進委員」に就任するか、「私は合併問題には中立です」と言明した。

そして、徳島市吉野川の可動堰を巡っての所謂「五〇％条項」（住民投票を組織的にボイコットする戦術）が、合併是非の住民投票に援用されたときにも学者は黙っていた。

かつて、羽仁五郎は「曖昧論理」になる人を「オブスキュランティズム」だと批判した。ノーム・チョムスキーは、アメリカの知識人は論議が「ある限界」に至ると言及を避けると述べた。加藤周一は「大勢順応の知識人の責任」を批判した。何れも「自治体学の実践論理」に共通する所論である。

北海道自治土曜講座の詳細は「自治体理論の実践―北海道土曜講座の16年」（公人の友社・2011年5月刊）を参照されたい。

10　土曜講座の復活再開

２０１４年5月、土曜講座を復活再開した。
名称は「北海道自治体学土曜講座」である。

開催主旨
本講座は、３年前に幕を閉じた「北海道地方自治土曜講座」の意志を引き継ぎ、北海道における自治体職員及び地域づくりの担い手の意識変革を支える、自治体学の理論と実践の創造を目指し、北海学園大学開発研究所と北海道自治体学会の後援を得て開催する。
主　催　北海道自治体学土曜講座実行委員会
後　援　北海学園大学開発研究所・北海道自治体学会
日　程　２０１４年５月〜10月の土曜日（全５回）午前10時〜午後４時
会　場　北海学園大学５号館60番教室

第1回　5月31日（土）
テーマ　自治体学とはどのような学か
自治体とは「行政」のことではない。市民が首長と議員を選んで期限を定めて代表権限を信託するのである。自治体の主人公は市民である。これが自治体学の信託理論である。ところが、自治体学会が設立され28年が経過しているにも拘わらず、「自治体学とは何か」の概念認識が自治体学会員にも十分でない。市民にも了解されていない。

それは、「国家を統治権の主体と擬制」する国家学が、長い間大学で教えられてきたからである。そして今も大学では「国家統治の国家学」を教えているのである。

本講では「国家に統治権ありの説明」が間違いであることを、具体場面で具体事例に即して検証し、自治体学とはどのような学であるか、を解明する。

論点提起　森　啓（北海学園大学開発研究所特別研究員）

討論者　廣瀬克哉（自治体学会代表委員・法政大学法学部教授）

土山希美枝（龍谷大学政策学部准教授）

神原　勝（北海学園大学開発研究所特別研究員）

宮下裕美子（月形町議会議員）

第２回　６月28日（土）

テーマ　終焉から創造へ～自治体存立の根幹としての「自治を創る学び」～

論点提起　内田和浩（北海学園大学経済学部教授）

討論者　斎藤仁史（前・浦河町立図書館司書）

菊池一春（訓子府町長）

小泉雅弘（さっぽろ自由学校「遊」事務局長）

第3回　7月19日（土）
テーマ　北海道の原発問題
論点提起　小坂直人（北海学園大学開発研究所長・経済学部教授）
報　告　川越英雄（函館市総務部長）
討論者　小田　清（北海学園大学経済学部教授）
　　　　山口たか（市民自治を創る会）

第4回　9月27日（土）
テーマ　代表制民主制の形骸化
論点提起　神原　勝（北海学園大学開発研究所特別研究員）
討論者　村川寛海（北海道町村議会議長会事務局長）
　　　　西科　純（芽室町議会事務局長）
　　　　石井吉春（北海道大学公共政策大学院教授）
　　　　松山哲男（登別市議会議員）

第5回　10月25日（土）

テーマ　市町村合併とは何だったのか

総務省主導で２００５年に市町村合併が促進された。交付税削減の兵糧攻めで『合併やむなし』になり、３２００の市町村が１８００に激減した。このとき、北海道町村会は「上からの合併促進」を批判し、北海道の地域事情を根拠に「面積要素」をも考慮すべきであると主張した。それらのとき、北海道庁の役割は何であったか、地方制度調査会（西尾発言）の役割は何であったか、住民投票条例の署名運動と50％条項の援用、中標津・南幌町・石狩町の住民投票の事例を検証して、「合併した地域」「合併しなかった自治体」の現在の問題を考察する。

論点提起　森　啓（北海学園大学開発研究所特別研究員）

討論者　北　良二（奈井江町長）

山下英二（大空町長）

芳住革二（新冠町議長）

小林生吉（中頓別町）

道林　実（市民）

参加費　一回　１０００円　学生は無料

参加申込　メールで申込む　jchi.doyokoza@gmail.com

以上は、自治の現場における筆者の実践である。

とりわけ「文化行政」と「政策研究」は、自治体が「省庁政策の末端」から「自前政策の主体」に転換することをめざした実践であった。

その著作、「新自治体学入門」と「文化の見えるまち」に、松下圭一先生、宮本憲一先生が書評を書いてくださったのでご了解を得て掲載する。

書評　松下圭一

「新自治体学入門」（時事通信社・２００８年）

職員が拓く自治体政府の展望

芸術家やスポーツマン、政治家やジャーナリストなどは個性ある仕事が課題といえるだろう、サラリーマンや官僚のなかにも、個性ある仕事をする人物がいる。だが、２０００年分権改革まで、官治・集権型の「機関委任事務」方式のため、個性ある仕事をしてはいけなかったのが、自治体職員であった。自治体職員に個性ある仕事をさせない官治・集権は、日本という「国の大失敗」だったと、自治・分権の今日、強調せざるをえない。

本書の著者、森啓さんは神奈川県職員のころから、自治体職員のこの禁制を破って、個性ある業績をのこした数少ない自治体職員の一人である。このことは、森さんを知る人なら、誰もが認めるであろう。自伝風でもあるが、本書は現時点での自治体課題を、誰にもわかりやすいリズミカルな文体でまとめている。

私が森さんに出会ったのは、１９７８年、神奈川県が公務研修所を自治総合研究センターにきりかえた前後だった。この再編の原案は私がつくったのだが、政策研究と政策研修とをむすびつけた日本で最初の自治体研修改革となる。森さんは、このセンターの研究部長にもなっている。その経験もふまえ、第９章「自治体職員の研修」では、自治省公認の旧人事院研修方式を背景にもつ、自治体独自の政策づくりという問題意識が皆無だった、かつての自治体研修を批判している。

研修は、官治・集権の「歴史と価値意識」がしみこんだ言葉をつかう能吏ではなく、「地域課題」を自治・分権型で解決する自治体職員の、日々の誕生をめざすべきだという。自治体職場では、時代錯誤の、①慣例、②上司、③考え方がはびこり、その改革にとりくめば、今日でも「俄然辛い職場になる」。この実情のなかでは「研修の改革」が不可欠と具体案をのべ、特に現場での出会いにおける職員一人ひとりの「感動」という「衝撃」が必要だと、達意の論点をのべる。

森さんはまた、⑴文化行政の提起、⑵自治体学会の創設にかかわっている。

⑴文化行政では、森さんはそのパイオニア職員として著作をかさねた。とくに『文化ホールがまちをつくる』は、ハコモノをタテ割行政ではなく、市民ついでその自治体の地域づくりとみなす最初の労作となる。第３章「市民力と職員力」がこの論点をとりあげている。

⑵自治体学会の創設については、第10章「自治体学会設立の経緯」が、関連文献の整理をふくめ、くわしい。

１９９３年、森さんは北海道大学法学部に移るが、北海道の自治体を一躍有名にした、いわゆる「土曜講座」を自治体の方々とともに、１９９５年たちあげた。毎年数回の連続講座をひらき、その講義をまとめた公人の友社刊のブックレットは１１５冊になり、日本全体の自治体にひろく波及力をもつ。受講生のなかから、すでに北海道では10人をこえる長もでていると、本書はいう。

そのほか、自治体改革、市町村合併、道州制、あるいは市民自治基本条例、住民投票などの章をもち、これらの最先端領域を森さんらしい切り口でのべる。「地方公務員から自治体職員へ」「自治体政府と自治体学」「国家法人理論 対 政府信託理論」など、理論レベルにも目配りをする。

「あとがき」に、理論には説明理論と実践理論とがあるとのべているが「一歩前にでる」実践理論の提起が本書の意義である。

自治体職員の可能性を、私達は本書に具体性をもって発見できる。元気のでる本である。

（月刊・地方自治職員研修・２００８年５月号）

書評　宮本憲一

「文化の見えるまち」（公人の友社・２００９年）

本書は、自治体の文化政策の教科書といってよい。

ここでは73年に大阪府から始まった文化行政の30年を検証している。冒頭において文化の見えるまちとは「住んでいることが誇りに思えるまち」として、自治体の存立意味は「文化の見えるまちをつくる」ことにあると定義している。

この場合の自治体とは、行政のことではない。自治体の主体は市民である。従って、「文化の見えるまちづくり」は「市民自治のまちづくり」でなければならぬ。これが自治体学理論である。彼は、文化行政ではお役所の縦割り行政の弊害が出るとして、「文化のまちづくり」という総合概念にしている。

そして「文化の見えるまち」をつくるには、「主体の自己革新」が必要だとしている。それは、自治体職員も「省庁政策の支配」から脱皮し、「自治体独自の政策発想」を獲得する可能性を求めることである。このための開発の場として、市民と文化団体と行政職員が同じ地面に立って話し合う「文化の見えるまちづくりフォーラム」が開催されたのである。

91年に徳島市で「参加から協働へ」をテーマに第1回が開催され、第11回が「まちに文化の風を」というテーマで池田市の市制70周年記念行事として共催されたのである。

本書には、自治体の文化戦略という副題がついている。

そして、著者の定義によれば「説明理論」としての「行政の文化化」や「協働」について論じた後、「実践理論」である文化ホールのあり方や地域文化の主体について述べている。そして、すべての行政を文化行政の施策といえるものに組み替えるのが行政の文化化である。文化化された行政政策によって「住んで誇りに思える文化の見えるまち」をつくるのであると述べている。

例えば美術館のような施設をつくるだけでなく、伝統行事を復活させ自然や歴史的景観を市民と共同してつくり出すこと、商店街の再生や地域産業を地域生活に定着させる市民と行政の協働など、すべてが文化行政の施策である。

この定義は少し晦渋であるが、文化政策がまちづくりの中心として総合行政でなければならないといっているのである。

この本では、文化ホールと自治体の文化戦略についての松下圭一氏と著者の対談が面白い。バブルから景気政策の過程で、公共事業の一環として文化ホールが各地に建てられ、70年代の450から08年には2192に増えている。

公会堂のような多目的ホールから専門ホールまであり、その管理・運営について、採算が取れず、また有効な活用ができていないなどの批判がある。

文化ホールをまちづくりの拠点とする森氏は「まだ足らない」とし、松下氏は批判が出ていることに未来を感じている。

最近の指定管理者制度も含めて、管理主体の問題やまちづくりへの生かし方は文化行政の重要な論点であろう。

また文化行政への視角では鶴見和子氏、清成忠男氏と著者の鼎談も興味深い。

(時事通信社「地方行政」2009年9月30日号)

第６章　自治体学会

１　設立経緯

自治体学会は「自治体政策研究交流会議」から生まれた。
その政策研究交流会議は次のような経緯で開催された。

政策研究の潮流

７０年代に公害問題と社会資本不足で都市地域に住民運動が激発して革新自治体が群生した。革新自治体は「省庁政策の下請団体」から「地域独自の政策を実行する地方政府」への脱皮を目ざしていた。このような情勢を背景に、自治体職員の「自主研究グループ」が叢生した。（注６―１）

自主研究の人たちは連絡を取り合って１９８４年5月、東京中野サンプラザで「自主研究・全国交流集会」を開催した。

自主研究活動の広がりが政策研究交流会議を開催するに至る要因の一つであった。

もう一つの要因は「政策研究を時代の潮流にする」ためであった。

神奈川県は1978年に「公務研修所」を「神奈川県自治総合研究センター」に改組して「研究部」を設けた。その研究部の「神奈川の韓国・朝鮮人の研究」が朝日新聞の論壇時評で「本年度の最高の成果」と評され、「自治体の政策研究」が注目を集めた（注6―2）。

この動向を敏感に洞察した自治体首長は「政策研究の組織」を自治体内に設けた。例えば、政策研究室（愛媛）、政策研究班（福井）の設置、シンクタンクの設立（静岡、埼玉）、地域の研究所や大学との連携（兵庫、三鷹市）、政策研究誌の発刊（神奈川、兵庫、徳島、埼玉など）である（注6―3）。


神奈川県の「自治総合研究センター・研究部」が引き金になり「自治体の政策研究」が潮流になり始めた。ところが、神奈川県庁の部課長は所管業務に関連する政策研究を嫌った。長洲知事のいないところで「若い職員が勝手な夢物語を描いている」と冷淡に言い放って水をさしていた。これが当時（1983年前後）の状況であった。

この状況を突き破るには、「全国交流会議」を開催して「政策研究が時代の潮流になっている」ことを、内外に鮮明に印象づける必要があった。

自治体政策研究交流会議

1984年10月18日、横浜港を眼下に眺望する神奈川県民ホール六階会議室で「第一回・自治体政策研究交流会議」を開催した。

基調講演は松下圭一教授、司会は田村明氏にお願いした。

北海道から九州までの全国から、１４０団体・３５２人の自治体職員と市民と研究者が参加した。これほどの参加があるとは誰も予想できなかった。

なぜなら、「政策研究」なる言葉はいまだ一般的ではなく、政策研究制度を設けた自治体も少数であった。ところが、これほど多数が参加するのは「地域と自治体」に「自治体の政策自立」への地殻変動が始まっていたのであろう。

交流会議に「二つの動議」を提出した。

一つは「交流会議の継続開催」。他の一つは「自治体学会の設立」。

前者は「全国持ち回り開催」を確認して次回は埼玉で開くことが決まった。

後者の「自治体学会設立の提案」は、参会者全員が地域と職場で「学会設立の意義と可能性」の論議を起こし、その結論を次回埼玉会議に持ち寄ることを約定した。

学会設立準備事務局

１９８５年10月17日と18日、浦和で開催した第二回政策研究交流会議は前回にも増して盛会であった。

第一日目の日程終了後、別室で「自治体学会設立についての協議の場」を設けた。二つのことが決まった。

一つは「この場の七五人の全員が設立準備委員になる」

二つ目は「神奈川県自治総合研究センター研究部が設立事務局を担当する」協議の進行役を務めた筆者が、翌日の全体会議に報告した。万雷の拍手で賛同された。

翌19日の朝日新聞は、全国版（二面）に「自治体職員が学会設立準備会を結成」と三段見出しで報道した。記事を書いたのは第一回交流会議から取材を続けていた朝日新聞地域問題総合取材班の寺田記者であった。

こうして、全国の自治体職員に鮮烈なイメージで「自治体学会設立のメッセージ」が届いたのである。

（第二回交流会議の詳細は時事通信社の「地方行政（85年11月9日号）」、「地方自治通信（86年2月号）」）

自治体学会の誕生

1986年5月23日、「自治体学会」が誕生した。

近代日本の夜明けを象徴する横浜開港記念会館で「発起人会議」と「設立総会」を開いた。発起人会議には135人、設立総会には620人が出席した。

出席者の顔触れは、自治体職員、市民、学者、シンクタンク職員、コンサルタント、ジャーナリスト、団体役員、自治体首長など、およそ学会の設立総会とは思えないほどに多彩な顔触れであった。いずれの顔も二年がかりで進めてきた自治体学会の設立を喜びあう和やかさに満ちていた。

会場のあちこちで初対面の人を相互に紹介し合い、テレビのライトに照らされた会場正面には「自治の歴史に新しい一ページを」と書かれた看板が掲げられていた。

前例のない新しい学会の設立総会にふさわしく、会場は活気に満ち華やかで緊張した空気に包まれていた。満席の参会者はこの開港メモリアルホールでこれまでにも数々の歴史的な集会が開かれたことを思い起こしていたであろう。

議長に佐藤驍氏（北海道庁）を選出し、前日の発起人会議からの提出議案が万雷の拍手で賛同されて「自治体学会」が誕生した。

総会に報告された会員は１２４３人（発起人７８２人、既入会申込者４６１人）を数え、規約に基づき選出された運営委員は46人（自治体職員29人、学者・研究者・市民17人）。代表運営委員に田村明、塩見譲、西尾勝の三氏を選出した。多数の人が発起人になって自治体学会を設立したのである。

設立大会に至るには幾多の「壁と曲折」があった。その詳細は横浜で２００６年8月開催の第二十回自治体学会の分科会「自治体学の二十年」に提出した討論資料「自治体学会の設立経緯」（公人の友社）を参照されたい（注６―４）。

なぜ学会設立を着想したか

自治体が政策自立するには自治体職員の「政策水準の高まり」が不可欠である。政策水準を高めるには「前例に従って何事も無難に」の行政文化を革新しなくてはならない。行政文化を革新するとは「無難に大過なく」から「一歩前に踏み出す」ことである。勇気と才覚で職務を実践して地域課題を解決することである。

しかしながら、職務実践だけでは政策能力は身につかない。それは職務練達に（ベテラン職員に）なるだけである。その実践を理論化しなければならない。

すなわち、歴史の一回性である「実践体験の知見」を「普遍認識」に高めなければ、政策能力は身に付かない。

「実践体験」を「普遍認識」に高めるとは、実践による知見を「文章にする」ことである。「文章にする」とは「実践を概念で再構成する」ことである。

即ち「言語で書く」ことが「実践の再構成」である。

それが「普遍認識力」を高めるのである。それが「実践的思考力」を自身のものにするのである。このように考えて「実務と理論の出会いの場」としての自治体学会を着想した。

実践的思考力

「実務と理論の出会い」とは「自身の内において」である。学者の会員もいることが「実務と理論の出会い」ではない。学者の学問と自治体職員の実践は異なる。

例えば、「行政学の政策研究」と「自治体の政策研究」とは「思考の方向」が異なる。学者の政策研究は「特定政策の事後的・実証的・分析的な解明」である。自治体の政策研究は「未来に向かって課題を設定し解決方策を考え出す営為」である。

すなわち、行政学の政策研究は「政策の実証研究」であるが、自治体の政策研究は「創造的な政策開発」である。

自治体学会は会員それぞれが自身の思考の座標軸をより確かなものにする交流の場である。

自治体学の創造

自治体学会は１９８６年５月23日に横浜開港記念会館で設立された。前日の発起人会議で、「自治体学」の言葉を規約に入れるべきだとの意見が出て、第２条を「…もって自治体学の創造を目的とする」と定めた。

しからば、「自治体学」とは何かである。

日本の社会科学は明治開国後の「輸入学」として出発した。それは「国家」を理論前提とする「国家統治の国家学」であった。

国家統治学では、現代社会が噴出する公共課題に対して、部分的解明は出来ても全容の解明は出来ない。とりわけ、環境、医療、資源、福祉、文化、などの「前例なき公共課題」を、生活の場で自治の問題として解決する「市民自治の視点」が根本的に欠落していた。そのため市民運動が提起する論点に回答できない状況が続いた。

自治体学は国家学を批判し克服する学である。

国家学は国家を統治主体と擬制する。自治体学は市民を自治主体と考える。

自治体学は、国家学の「国家統治」の観念に「市民自治」の理念を対置する。

理論の基礎概念は「市民自治」である。（注６―５）

2 自治体学会の運営

自治体学会は会員が「思考の座標軸」を確かにするための「自由な討論の広場」である。自由闊達な討論によって「自治体学の創造」を目指すのである。

本書第一章「自治体学の概念」で叙述したように自治体学は実践の学である。実践の学であるから、自治体学会はそのように運営されなければならない。

現状はどうであろうか。

自治体学会は設立時の活力と熱気を保持しているであろうか。

会員数は増えているか。それとも魅力を失って減っているのではあるまいか。

全国大会の参会者は充実感に満ちて帰途についているであろうか。

自治体学会の運営に現状変革への活力が薄れてはいないか。

そこで、自治体学会の運営を二つの実際例で考察する。

3 「自治体法務検定」

２０１０年４月23日、自治体学会のＭＬ（メーリング）に「自治体法務検定」を開催する企業の職員

（会員）から（受検定の勧誘メール）が配信された。

会員のTaさんが『このような馬鹿な検定の勧誘を自治体学のＭＬに流さないでください。法務能力は検定で身につくものではありません』との所見を発信した。

すると、Taさんの「馬鹿な…」の言葉を批判するメールが、検定を擁護する立場から、次々と発信された。検定委員である学者会員のＹさんも「馬鹿な…」を批判するメールをＭＬに配信した。

Taさんは、「メールの交錯」を終わりにするため、「馬鹿な…」の表現を撤回する旨のメールを配信した。

筆者は、この「メール交錯」を眺めていて、これは「自治体学会のあり方として問題である」と考えたので、以下の「所見」をＭＬに配信した。

配信した筆者の所見

よくあることだが、日常会話で「…そんな馬鹿なことを」、「馬鹿とは何だ、訂正しろ…」と迫る場面があります。

「論点」をズラして「言葉づかい」を咎めるのは「フエアでない」と思います。

Ｙさんは、『(馬鹿な）の表現は不適切であると私は考えますが、いかがでしょうか』とＭＬに配信された。つまり「巧妙に」Taさんを咎めた。

「馬鹿な…」の表現を切り取って、（それまでの事情を知らない人にも配信されるＭＬで）、「表現が不適切だ」と指摘されれば、批判された人は立場が悪くなる。「馬鹿な…」の言葉は、それだけを切り取れば、良い言葉ではないのだから。

Yさんは「咎めていない」、「不適切な表現だ」と言っただけのことです、と言うかもしれない。だがYさんのメールはフエアでないと思う。

対論するべきは以下の論点である。

Taさんのメールの主旨は、『…全て法務の問題は現場に出てくるものであって、勉強をするのは当たり前ですが、そこからは現場で使えない頭ばかり大きな職員が生まれるのではないかと懸念をしているだけです』であった。

対論ずるべきは、この論点である。

Taさんの論点（検定への疑念）に対して、Yさんはご自分の所見を述べるべきだと思う。それをぜひ聴きたいものである。

自治体法務検定委員会なるものは

委員長　成田頼明（元地方制度調査会副会長）
副委員長　松本英昭（元自治事務次官）
副委員長　鈴木正明（市町村アカデミー学長）
顧　問　石原信雄（元内閣官房副長官）である。

この四人の方々は「集権統治の国家学の考え方を唱導してきた方々」である。

Yさんは、そこに検定委員として名を連ねていられる。

受検料（税込）は　５２５０円である。

全国で受験者がふえていけば利益は次第に大きくなるであろう。

自治体学会が目ざすのは

自治体学会は会則２条に掲げるように「中央支配の国家学理論」を「市民自治の自治体理論」に組み替える研鑽の場である。

自治体職員の政策法務能力は、高橋（Ta）さんも書かれているように、現場での実践理論の習得によって身に付く能力である。自治体学会の場でこそ相互研鑽すべき事柄である。

そしてまた、自治体法務検定委員会に名を連ねている学者の方々に、自治の現場の実践論理が分かっているであろうか。後に述べるが甚だ疑問である。


「漢字検定」や「英会話検定」などは、莫大利益を上げているとのことである。最近は「自治体議員検定？」も始まったらしい。だが自治体議員の能力は検定・研修で身に付くものではない。

これら動向を、胡散臭いと感じるのは自治体職員の健康な感受力である。

「時代の言葉」に便乗し利益を目論む「企業の企画」に、参画する学者の心底は如何なるものであろうか。

「政策法務検定」の内容は、国家学の行政法学理論の知識研修である。

「政策法務の問題意識」や「現場事態の打開論理」は、検定で習得できるものではない。自治体法務検定のホームページに並んでいる講師の方々よりも、Taさんの自治体政策法務の考え方が、はるかに実際的で有用であると思う。

「有料の法務検定」よりも「高橋学校に参集」すべきであろう。

自治の現場を知らない学者

かつて、自治体に政策評価制度の導入が流行した。そのとき、自治の現場を知らない学者が相次いで講師に招かれた。そして現在、自治体の政策評価制度は如何なる実態にあるのか。自治の現場を知らない講師が助言指導した「政策評価制度」は、何れも役に立っていない。それを顧みるべきであろう。

あるいはまた、2005年に合併騒動が起きたとき、日頃、分権自治を教説していた学者は「推進する側の委員」に就任して総務省の合併促進に協力した。

そして、「全有権者投票」を求める署名運動が全国各地で展開されたとき、徳島吉野川可動堰の「50％条項」を援用（悪用）して投票箱内の「市民の意思」を焼却した。そのときも「政策法務検定委員」に名を連ねている学者の方々は何の発言もせず黙過黙認した。検定講師の方々にお尋ねしたい。

「開票せず焼却する」は「政策法務理論の重大問題」ではないのですか、と。

4　「もう一つの実例」

２０１０年12月のことである。

ある地域の自治体学会のＭＬ（メーリング）に、「時事通信社の地方行政（2010-11-1）」に掲載された『議会改革と住民自治』の論稿は、当自治体学会の公式報告ではありません」のメールが、（代表運営委員の指示によって）と付記されて全会員に配信された。

この事例も「自治体学会運営の重大問題である」と思うので、以下に筆者の所見を述べる。

自治体学会の運営

自治体学会は「思考力」を高め合う「自由な討論の広場」である。

労働組合や企業や行政組織とは異なる。「学者の学会」とも少なからず異なる。労組や企業や行政は「組織の見解」を機関決定で定めるが、自治体学会は「自由な討論の広場」であって見解を統一する組織ではない。

自治体学会に「公式見解」などあってはならない。

自治体学会の運営には「友和的雰囲気」が重要である。

「執筆会員の名誉感情」を損なうメールを、代表委員の一存で配信するのは、自治体学会のあり方（運営）としてまことに宜しくないと思う。

自治体学会の名称

自治体学会設立のとき、名称を「学会」よりも「政策研究協議会」「まちづくり協議会」にするべきだ、の意見もあった。だが「学会」を名乗ることによって「既存の学会」に問題提起をする意味もあるとなって、現在の名称になった。名称は学会を名乗っているが、いわゆる学会ではない。

学者の学会には「学会の公式見解でないとか・あるとか」を重要視する権威的な学会も存在するが、自治体学会は「異なる見解が多様に交わされる」ことが良いのである。

自治体学会と関係のない個人の肩書で執筆された所論を「自治体学会の公式報告ではありません」と、わざわざ内外に周知する「真の意図」は何処にあるのか。これがこの問題の根源である。

ことの始まり

ことの始まりは、運営委員会の席上で学者委員が、「地方行政の文章は問題である」と発言し、代表委員の一人が同調して「何らかの措置をとる」と言明して、運営委員の間でメーリングの交信が1カ月半続いた。

著名な学者委員が「問題だ」と強く発言し、代表委員が直ちに同調すれば、他の運営委員は異なる意見を出し難くかったであろう。

だが次第に「これは制裁ではないのか」の意見（メール）も発信されるようになった。

問題の真相

問題の真相は『自治基本条例の制定には「市民合意」が必要である（首長と議会だけで基本条例を制定するのは正当でない）の見解が世間に出回ることを嫌がった』のである。

それを「論文の内容」が「自治体学会の見解と世間に受け取られる」ことが問題だと言い変えているのである。

「当学会の見解ではありませんとホームページに掲載する」ことを論議し決議する運営委員会は、自治体学会の運営として問題である。

論文内容に賛成でない人は「反駁の所論」を公表するべきである。それが「自治体学会のあり方」である。

「議会基本条例についてモヤモヤしていたが、地方行政の論文を読んでスッキリした思いです」「読んだが何も問題だと思わない」と言明する運営委員もいたのだから。

代表委員の処置

ところが、代表委員は強引にホームページに掲載するよう事務局に指示した。強引という意味は「ホームページへの掲載に反対」の運営委員もかなりいたからである。そしてまた、二度にわって全運営委員に意見を求めたときにも、大半の運営委員は沈黙を続けたからである。

だが、二人の代表委員は「返信がない」のは代表委員の措置を「容認しているからだ」と言明し、事務局に、「機関決定である」として「自治体学会の名」で「論文執筆者の氏名も明記して」ホームページに掲載するよう指示した。

代表委員は機関ではない

一体「誰が、いつ、どこで」機関決定をしたのであろうか。「代表委員」を「機関」であると考えているのであろうか。そうであるならば重大な誤認識である。

自治体学会の代表委員は「権限者」ではない。

自由な討論の広場を運営する「世話役」である。

運営委員会などで「代表委員に一任します」の意味は、日程とか講師とか会場などの「広場を運営するための決定」であって、運営委員の間でも意見が分かれ、執筆者の名誉感情を損なう措置を、断定して決定する権限者ではない。

詳しい事情を知らない会員は、執筆した会員が「何か不始末をしたのか」と思うであろう。自治体学会の代表委員は労組や企業などの機関ではないのである。

自治体学会が目指すのは

自治体学会が目指すのは、長い間の「中央集権・官僚支配」から脱却する自治体理論の研鑽である。すなわち、国家を統治主体と擬制する国家学理論に対して「市民が自治主体である」と考える自治体学の研鑽である。

また、ホームページに掲載するのなら「代表委員の連名」にしてはどうか、との意見が出たが、代表委員の二人は「機関決定」であると言ってこれを斥け「自治体学会の名」で掲載することを事務局に指示したのである。
発信人を「自治体学会」の名にすることで、
１　恰も全員の意見のように擬制して、
２　反対意見の存在を見えなくして、
３　自身は背後に隠れたのである。
省庁官僚は「国家」を隠れ蓑にして「国家統治権」の名で地方を支配してきた。代表委員の指示は国家官僚と同じ狡猾な手法である。

余談であるが、
演劇に「善人の顔をしながら災厄をもたらす」という有名なセリフがある。
今回のようなことは、自治体学会が活力を失い衰退を始めている兆候であるかもしれない。

自治体学会の運営で重要なこと

第一、設立時の理念と活気を保持しているか。
求心力は継続し会員数は増えているか。
７５００円の会費は自治体職員中心の学会として妥当か。
同窓会的な状況になってはいないか。
自治体学は実践の学であるから学会運営もそうでなくてはならない。

第二は、自治体学の概念認識である。
自治体学会は規約第二条に「自治体学の創造をめざす」と定めている。
会員の「自治体学の概念認識」は明晰であるか。
自治体学理論を深めるための「研究討論会」「シンポジゥム」を開催するべきである。
例えば
①２０１３年、東京小平市で市内の多数の樹林が東京都の道路計画で伐採されることになり市民運動が展開された。市民は市長に、道路計画の見直しを東京都に申入れることを求め、市民意思を表明するため投票条例制定の署名運動を行った。
２０１３年5月26日、市民投票が行われた。５万1千１０人が投票した。投票率は35・17％であった。小林正則市長は、投票率が住民投票条例に定めた50％に満たないとして「開票しない」と言明した。なぜ開票しないのか。これは代表民主制度の重要論点である。

このとき、自治体学会が「公開研究討論会」や「政策シンポジゥム」を企画開催して、会員相互の自由な見解交流を行うべきではなかったか。自由な討論が行われたならば自治体学会の理論水準と魅力が高まったであろう。
②２００５年、地方交付税削減のため総務省主導で市町村合併が促進されたとき、「長と議会だけでの合併」に反対して「住民の意思を聴いてからにせよ」と住民投票条例の制定を求める署名運動が全国

各地に起きた。これを「代表民主制度への不信表明」と見るか、「代表民主制度への介入」と考えるのか、代表民主制度の重要論点である。

平素は「自治分権」「財政自治」を唱導していた学者の多くが、合併促進の側の委員に就任し、あるいは「私は合併には中立です」と言明した。特例債と兵糧攻の合併促進によって、３２００の市町村が１８００に減少して地域自治が失われた。

このとき、自治体学会が「公開研究討論会」や「研究シンポジゥム」を企画し開催したならば、あるいは今、「合併は何であったのか」の検証討論会を開催するならば、自治体学会の存在意味が高まるであろう。

③ 原発問題は現在日本の最大の問題である。

「原発は国のエネルギー政策の問題であって自治体の問題ではない」と言うのは間違いである。現に何十万人という人が自宅に帰れないでいる深刻な問題である。自治体の政策問題であり政策自立の重要問題である。

自治体学会の運営委員会で「原発問題を政策シンポのテーマにしては」の提案があったとき、「それは政治問題だから」「重たい問題であるから」との躊躇逡巡があったとすれば、運営委員会のその躊躇が自治体学会の活力低下の原因であろう。

自治体学会は運動団体ではない。自治体政策の研究団体である。会員各人が重大問題について自身の見解をより確かなものにするため自由闊達に意見を交わす組織である。

④自治体の憲法であると説明して自治基本条例の制定が全国に広がった。地方分権の潮が現実化し始めた証左である。

だが、基本条例は「役に立っているのか」「効果はあるのか」の疑問が生じている。「制定手続き」をめぐって見解が分かれている。

自治体学会が、自治基本条例制定手続の「見解の違い」をテーマにした「公開研究討論会」や「政策シンポジゥム」を開催していたならば、自治体学会の理論水準と求心力は高まったであろう。

⑤ジョン・ロックの主著「市民政府論」の新訳が岩波文庫として（２０１３年）刊行された。ロックの主著「市民政府論」は市民政治の古典であり「市民自治の自治体学」の古典である。刊行は喜ばしい。

ところが、(こともあろうに)書名は「統治二論」である。訳者(加藤節・成蹊大学教授)は、まえがきで、本書は1部2部の全訳であるので2部の訳書である鵜飼信成「市民政府論」との違いを示すために「統治二論」にした、と説明している。

しかし違いを示すならば「政府二論」であろう。１部は１６８０年（10年前）のフィルマーの「家父長権論」の批判で、市民政府論の執筆に（当時は）必要であったのだ。

なぜ市民政治理論の古典であるロックの主著を「統治二論」にしたのか。なぜ「政府二論」を避けたのか。

かつて、東京帝国大学に「国家学会」なる組織があり、国策として「国家統治の国家学」を唱導した。そして現在も、憲法学、政治学、行政法学、行政学の大勢は「国家統治の国家学」であり「国家法人理論」である。ロックの市民政治理論ではない。「市民自治の信託理論」でもない。

国家試験の最適教科書と評される芦部信喜「憲法」（岩波書店）の第一頁第一行は、「国家統治」であり「国家三要素説」であり「国家法人理論」である。

同じく東京大学で憲法学を講じた長谷部恭男氏は、安倍内閣の特定秘密法にも賛同する国家統治の学者である。

現在日本には「国家」と「統治」の論調が勢いを盛り返し、明治憲法への郷愁すらも蠢いているのである。これら動向は、ロックの「市民政府・市民政治」の対極にある思潮である。訳者加藤氏の心底にも、これら論調への賛同が存するのではあるまいか。「市民政治」「市民政府」「市民自治」の語彙を避けたい心情が存するのではあるまいか。

２０１４年1月、同じ岩波から「ロック『市民政府論』を読む」（岩波現代文庫）が刊行された。著者の松下圭一氏は、あとがき（官治・集権の日本とロック）で、ジョン・ロックは「統治」から「政府」へというかたちで、ガヴァメントという言葉の用法の革命をおこない、ついに市民政治理論の《古典的形成者》という位置をもった、と記している。

代表民主制度が形骸化して政治不信・議会不信が増大する昨今であるから、『市民政府論』を読む」（岩波現代文庫）をテキストにしたセミナーを自治体学会企画で開催すれば、会員の理論水準が上昇するであろう。

自由闊達な論議が自治体学会の活力の源泉である。

（注1）神奈川県自治総合研究センターの「ホームページ」を開けば当時から今日に至るまでの「自治体の政策研究の内容」が一覧できる。「ダウンロード」もできる。

http://www.pref.kanagawa.jp/uploaded/attachment/373117.doc:

（注2）当時の政策研究の動向は「自治体の政策形成力」（時事通信社）の第二章に記した。

（注3）自治体学会の設立経緯の掲載誌は「自治体の政策形成力・第六章」（時事通信社）に詳記した。交流会議の内容は「時事通信社・地方行政（84年11月10日号）」と「地方自治通信（85年2月号）（86年2月号）」に掲載された。

（注4）「自治体学の二十年・（公人の友社）」に「設立時の特集誌」も記した

（注5）「新自治体学入門（第一章）・（時事通信社）

【著者紹介】

森　啓　（もり けい）

徳島県生まれ
中央大学法学部法律学科 卒業
神奈川県自治総合研究センター研究部長
北海道大学法学部教授 (公共政策論)
北海学園大学法学部教授 (自治体学)
北海道地方自治土曜講座 実行委員長
〈現　在〉
北海学園大学法科大学院講師
北海学園大学開発研究所特別研究員
NPO 法人自治体政策研究所 理事長
日本文化行政研究会代表

《著　作》

『自治体の政策課題と解決方策』（日本経営協会、1986 年）
『自治体の政策研究』（公人の友社、1995 年）
『自治体理論とは何か』（公人の友社、1997 年）
『行政の文化化』（公人の友社、1998 年）
『議会改革とまちづくり』（公人の友社、1999 年）
『自治体職員の政策水準は如何にして上昇したか』（公人の友社 , 2000 年）
『町村合併は住民自治の区域変更である。』（公人の友社 , 2001 年）
『自治体人事政策の改革』（公人の友社、2002 年）
『自治体の政策形成力』（時事通信社、2003 年）
『協働の思想と体制』（公人の友社、2003 年）
『「市町村合併」の次は「道州制」か』（公人の友社、2006 年）
『自治体学の二十年・自治体学会設立の経緯』（公人の友社、2006 年）
『新自治体学入門』（時事通信社、2008 年）
『文化の見えるまち』（公人の友社、2009 年）
『文化行政 -- 行政の自己革新』（学陽書房 1981 年）共著（松下圭一）
『文化行政とまちづくり』（時事通信社 1983 年）共著（田村明）
『文化ホールがまちをつくる』（学陽書房、1991 年）編著
『市民文化と文化行政』（学陽書房、1991 年）編著
『自治体の構想 (第四巻・機構)』（岩波書店、2002 年）共著
『北海道土曜講座の十六年』（公人の友社、2011 年）共編著（川村喜芳）

地方自治ジャーナルブックレット No.64
自治体学とはどのような学か

2014 年 5 月 15 日　初版第 1 刷発行

著　者　　森　　啓
発行者　　武内　英晴
発行所　　公人の友社
TEL 03-3811-5701
FAX 03-3811-5795
Eメール info@koujinnotomo.com
http://koujinnotomo.com/

ISBN 978-4-87555-646-6

「官治・集権」から
「自治・分権」へ

市民・自治体職員・研究者のための

自治・分権テキスト

《出版図書目録 2014.5》

公人の友社
〒120-0002　東京都文京区小石川 5-26-8
TEL　03-3811-5701
FAX　03-3811-5795
mail　info@koujinnotomo.com

●ご注文はお近くの書店へ
小社の本は、書店で取り寄せることができます。
●＊印は〈残部僅少〉です。品切れの場合はご容赦ください。
●直接注文の場合は
電話・FAX・メールでお申し込み下さい。

TEL　03-3811-5701
FAX　03-3811-5795
mail　info@koujinnotomo.com

（送料は実費、価格は本体価格）

【地方自治ジャーナルブックレット】

No.1
水戸芸術館の実験
森啓　1,166円（品切れ）

No.2
政策課題研究研修マニュアル
首都圏政策研究・研修研究会
1,359円（品切れ）

No.3
使い捨ての熱帯雨林
熱帯雨林保護法律家リーグ
971円（品切れ）

No.4
自治体職員世直し志士論
童門冬二・村瀬誠　971円＊

No.5
行政と企業は文化支援で何ができるか
日本文化行政研究会　1,166円
（品切れ）

No.6
まちづくりの主人公は誰だ
浦野秀一　1,165円（品切れ）

No.7
パブリックアート入門
竹田直樹　1,166円（品切れ）

No.8
市民的公共性と自治
今井照　1,166円（品切れ）

No.9
ボランティアを始める前に
佐野章二　777円

No.10
自治体職員の能力
自治体職員能力研究会　971円

No.11
パブリックアートは幸せか
山岡義典　1,166円＊

No.12
市民が担う自治体公務
パートタイム公務員論研究会
1,359円

No.13
行政改革を考える
山梨学院大学行政研究センター
1,166円（品切れ）

No.14
上流文化圏からの挑戦
山梨学院大学行政研究センター
1,166円

No.15
市民自治と直接民主制
高寄昇三　951円

No.16
議会と議員立法
上田章・五十嵐敬喜 1,600円＊

No.17
分権段階の自治体と政策法務
山梨学院大学行政研究センター
1,456円

No.18
地方分権と補助金改革
高寄昇三　1,200円

No.19
分権化時代の広域行政
山梨学院大学行政研究センター
1,200円

No.20
あなたの町の学級編成と地方分権
田嶋義介　1,200円

No.21
自治体も倒産する
加藤良重　1,000円（品切れ）

No.22
ボランティア活動の進展と自治体の役割
山梨学院大学行政研究センター
1,200円

No.23
新版2時間で学べる「介護保険」
加藤良重　800円

No.24
男女平等社会の実現と自治体の役割
山梨学院大学行政研究センター
1,200円

No.25
市民がつくる東京の環境・公害条例
市民案をつくる会　1,000円

No.26
東京都の「外形標準課税」はなぜ正当なのか
青木宗明・神田誠司　1,000円

No.27
少子高齢化社会における福祉のあり方
山梨学院大学行政研究センター
1,200円

No.28
財政再建団体
橋本行史　1,000円（品切れ）

No.29
交付税の解体と再編成
高寄昇三　1,000円

No.30
町村議会の活性化
山梨学院大学行政研究センター
1,200円

No.31
地方分権と法定外税
外川伸一　800円

No.32
東京都銀行税判決と課税自主権
高寄昇三　1,200円

No.33
都市型社会と防衛論争
松下圭一　900円

No.34
中心市街地の活性化に向けて
山梨学院大学行政研究センター
1,200円

No.35
自治体企業会計導入の戦略
高寄昇三　1,100円

No.36
行政基本条例の理論と実際
神原勝・佐藤克廣・辻道雅宣
1,100円

No.37
市民文化と自治体文化戦略
松下圭一　800円

No.38
まちづくりの新たな潮流
山梨学院大学行政研究センター
1,200円

No.39
ディスカッション三重の改革
中村征之・大森弥　1,200円

No.40
政務調査費
宮沢昭夫　1,200円（品切れ）

No.41
市民自治の制度開発の課題
山梨学院大学行政研究センター　1,200円

No.42
《改訂版》自治体破たん・「夕張ショック」の本質
橋本行史　1,200円＊

No.43
分権改革と政治改革
西尾勝　1,200円

No.44
自治体人材育成の着眼点
浦野秀一・井澤壽美子・野田邦弘・西村浩・三関浩司・杉谷戸知也・坂口正治・田中富雄　1,200円

No.45
シンポジウム障害と人権
橋本宏子・森田明・湯浅和恵・池原毅和・青木九馬・澤静子・佐々木久美子　1,400円

No.46
地方財政健全化法で財政破綻は阻止できるか
高寄昇三　1,200円

No.47
地方政府と政策法務
加藤良重　1,200円

No.48
政策財務と地方政府
加藤良重　1,400円

No.49
政令指定都市がめざすもの
高寄昇三　1,400円

No.50
良心的裁判員拒否と責任ある参加
市民社会の中の裁判員制度
大城　聡　1,000円

No.51
討議する議会
自治体議会学の構築をめざして
江藤俊昭　1,200円

No.52
【増補版】大阪都構想と橋下政治の検証
府県集権主義への批判
高寄昇三　1,200円

No.53
虚構・大阪都構想への反論
橋下ポピュリズムと都市主権の対決
高寄昇三　1,200円

No.54
大阪市存続・大阪都粉砕の戦略
地方政治とポピュリズム
高寄昇三　1,200円

No.55
「大阪都構想」を越えて
問われる日本の民主主義と地方自治
（社）大阪自治体問題研究所　1,200円

No.56
翼賛議会型政治・地方民主主義への脅威
地域政党と地方マニフェスト
高寄昇三　1,200円

No.57
なぜ自治体職員にきびしい法遵守が求められるのか
加藤良重　1,200円

No.58
東京都区制度の歴史と課題
都区制度問題の考え方
著：栗原利美、編：米倉克良　1,400円

No.59
七ヶ浜町（宮城県）で考える
「震災復興計画」と住民自治
編著：自治体学会東北YP　1,400円

No.60
市民が取り組んだ条例づくり
市長・職員・市議会とともにつくった所沢市自治基本条例
編著：所沢市自治基本条例を育てる会　1,400円

No.61
いま、なぜ大阪市の消滅なのか
「大都市地域特別区法」の成立と今後の課題
編著：大阪自治を考える会　800円

No.62
地方公務員給与は高いのか
非正規職員の正規化をめざして
著：高寄昇三・山本正憲　1,200円

No.63
大阪市廃止・特別区設置の制度設計案を批判する
いま、なぜ大阪市の消滅なのかPart2
編著：大阪自治を考える会　900円

No.64
自治体学とはどのような学か
森　啓　1,200円

［地域ガバナンスシステム・シリーズ］
（龍谷大学地域人材・公共政策開発システム・オープン・リサーチセンター（LORC）…企画・編集）

No.1
地域人材を育てる自治体研修改革
土山希美枝　900円

No.2
公共政策教育と認証評価システム
坂本勝　1,100円

No.3
暮らしに根ざした心地よいまち
1,100円

No.4
持続可能な都市自治体づくりのためのガイドブック
1,100円

No.5
英国における地域戦略パートナーシップ
編：白石克孝、監訳：的場信敬　900円

No.6
マーケットと地域をつなぐパートナーシップ
編：白石克孝、著：園田正彦　1,000円

No.7
政府・地方自治体と市民社会の戦略的連携
的場信敬 1,000円

No.8
多治見モデル
編著：大矢野修 1,400円

No.9
市民と自治体の協働研修ハンドブック
土山希美枝 1,600円

No.10
行政学修士教育と人材育成
坂本勝 1,100円

No.11
アメリカ公共政策大学院の認証評価システムと評価基準
早田幸政 1,200円

No.12
イギリスの資格履修制度
資格を通しての公共人材育成
小山善彦 1,000円

No.14
炭を使った農業と地域社会の再生
市民が参加する地球温暖化対策
井上芳恵 1,400円

No.15
対話と議論で〈つなぎ・ひきだす〉ファシリテート能力育成ハンドブック
土山希美枝・村田和代・深尾昌峰 1,200円

No.16
「質問力」からはじめる自治体議会改革
土山希美枝 1,100円

No.17
東アジア中山間地域の内発的発展
日本・韓国・台湾の現場から
清水万由子・尹誠國・谷垣岳人・大矢野修 1,200円

No.18
カーボンマイナスソサエティ
クルベジでつながる、環境、農業、地域社会
編著：定松功 1,400円

【福島大学ブックレット「21世紀の市民講座」】

No.1
外国人労働者と地域社会の未来
著：桑原靖夫・香川孝三、編：坂本惠 900円

No.2
自治体政策研究ノート
今井照 900円

No.3
住民による「まちづくり」の作法
今西一男 1,000円

No.4
格差・貧困社会における市民の権利擁護
金子勝 900円

No.5
法学の考え方・学び方
イェーリングにおける「秤」と「剣」
富田哲 900円

No.6
今なぜ権利擁護か
ネットワークの重要性
高野範城・新村繁文 1,000円

No.7
小規模自治体の可能性を探る
保母武彦・菅野典雄・佐藤力・竹内是俊・松野光伸 1,000円

No.8
小規模自治体の生きる道
連合自治の構築をめざして
神原勝 900円

No.9
文化資産としての美術館利用
地域の教育・文化的生活に資する方法研究と実践
辻みどり・田村奈保子・真歩仁しょうん 900円

No.10
フクシマで"日本国憲法〈前文〉"を読む
家族で語ろう憲法のこと
金井光生 1,000円

【地方自治土曜講座ブックレット】

No.1
現代自治の条件と課題
神原勝 800円＊

No.2
自治体の政策研究
森啓 500円＊

No.3
現代政治と地方分権
山口二郎 500円＊

No.4
行政手続と市民参加
畠山武道 500円＊

No.5
成熟型社会の地方自治像
間島正秀 500円＊

No.6
自治体法務とは何か
木佐茂男 500円＊

No.7
自治と参加 アメリカの事例から
佐藤克廣 500円＊

No.8
政策開発の現場から
小林勝彦・大石和也・川村喜芳 800円＊

No.9
まちづくり・国づくり
五十嵐広三・西尾六七 500円＊

No.10
自治体デモクラシーと政策形成
山口二郎 500円＊

No.11
自治体理論とは何か
森啓 500円＊

No.12
池田サマーセミナーから
間島正秀・福士明・田口晃 500円＊

No.13
憲法と地方自治
中村睦男・佐藤克廣 500円（品切れ）

No.14
まちづくりの現場から
斉藤外一・宮嶋望 500円＊

No.15
環境問題と当事者
畠山武道・相内俊一 500円＊

No.16
情報化時代とまちづくり
千葉純・笹谷幸一　600円（品切れ）

No.17
市民自治の制度開発
神原勝　500円＊

No.18
行政の文化化
森啓　600円＊

No.19
政策法務と条例
阿部泰隆　600円＊

No.20
政策法務と自治体
岡田行雄　600円（品切れ）

No.21
分権時代の自治体経営
北良治・佐藤克廣・大久保尚孝
600円＊

No.22
地方分権推進委員会勧告とこれからの地方自治
西尾勝　500円＊

No.23
産業廃棄物と法
畠山武道　600円＊

No.24
自治体計画の理論と手法
神原　勝　600円（品切れ）

No.25
自治体の施策原価と事業別予算
小口進一　600円＊

No.26
地方分権と地方財政
横山純一　600円（品切れ）

No.27
比較してみる地方自治
田口晃・山口二郎　600円＊

No.28
議会改革とまちづくり
森啓　400円（品切れ）

No.29
自治体の課題とこれから
逢坂誠二　400円＊

No.30
内発的発展による地域産業の振興
保母武彦　600円（品切れ）

No.31
地域の産業をどう育てるか
金井一頼　600円＊

No.32
金融改革と地方自治体
宮脇淳　600円＊

No.33
ローカルデモクラシーの統治能力
山口二郎　400円＊

No.34
政策立案過程への戦略計画手法の導入
佐藤克廣　500円＊

No.35
「変革の時」の自治を考える
神原昭子・磯田憲一・大和田健太郎
600円＊

No.36
地方自治のシステム改革
辻山幸宣　400円（品切れ）

No.37
分権時代の政策法務
礒崎初仁　600円＊

No.38
地方分権と法解釈の自治
兼子仁　400円＊

No.39
「近代」の構造転換と新しい「市民社会」への展望
今井弘道　500円＊

No.40
自治基本条例への展望
辻道雅宣　400円＊

No.41
少子高齢社会の自治体の福祉法務
加藤良重　400円＊

No.42
改革の主体は現場にあり
山田孝夫　900円

No.43
自治と分権の政治学
鳴海正泰　1,100円

No.44
公共政策と住民参加
宮本憲一　1,100円＊

No.45
農業を基軸としたまちづくり
小林康雄　800円

No.46
これからの北海道農業とまちづくり
篠田久雄　800円

No.47
自治の中に自治を求めて
佐藤守　1,000円

No.48
介護保険は何をかえるのか
池田省三　1,100円

No.49
介護保険と広域連合
大西幸雄　1,000円

No.50
自治体職員の政策水準
森啓　1,100円

No.51
分権型社会と条例づくり
篠原一　1,000円

No.52
自治体における政策評価の課題
佐藤克廣　1,000円

No.53
小さな町の議員と自治体
室埼正之　900円

No.55
改正地方自治法とアカウンタビリティ
鈴木庸夫　1,200円

No.56
財政運営と公会計制度
宮脇淳　1,100円

No.57
自治体職員の意識改革を如何にして進めるか
林嘉男　1,000円

No.59
環境自治体とＩＳＯ
畠山武道　700円

No.60
転型期自治体の発想と手法
松下圭一　900円

No.61
分権の可能性
スコットランドと北海道
山口二郎　600円

No.62
機能重視型政策の分析過程と財務情報
宮脇淳　800円

No.63
自治体の広域連携
佐藤克廣　900円

No.64
分権時代における地域経営
見野全　700円

No.65
町村合併は住民自治の区域の変更である
森啓　800円

No.66
自治体学のすすめ
田村明　900円

No.67
市民・行政・議会のパートナーシップを目指して
松山哲男　700円

No.69
新地方自治法と自治体の自立
井川博　900円

No.70
分権型社会の地方財政
神野直彦　1,000円

No.71
自然と共生した町づくり
宮崎県・綾町
森山喜代香　700円

No.72
情報共有と自治体改革
片山健也　1,000円

No.73
地域民主主義の活性化と自治体改革
山口二郎　900円

No.74
分権は市民への権限委譲
上原公子　1,000円

No.75
今、なぜ合併か
瀬戸亀男　800円

No.76
市町村合併をめぐる状況分析
小西砂千夫　800円

No.78
ポスト公共事業社会と自治体政策
五十嵐敬喜　800円

No.80
自治体人事政策の改革
森啓　800円

No.82
地域通貨と地域自治
西部忠　900円（品切れ）

No.83
北海道経済の戦略と戦術
宮脇淳　800円

No.84
地域おこしを考える視点
矢作弘　700円

No.87
北海道行政基本条例論
神原勝　1,100円

No.90
「協働」の思想と体制
森啓　800円＊

No.91
協働のまちづくり
三鷹市の様々な取組みから
秋元政三　700円＊

No.92
シビル・ミニマム再考
松下圭一　900円

No.93
市町村合併の財政論
高木健二　800円＊

No.95
市町村行政改革の方向性
佐藤克廣　800円

No.96
創造都市と日本社会の再生
佐々木雅幸　900円

No.97
地方政治の活性化と地域政策
山口二郎　800円

No.98
多治見市の総合計画に基づく政策実行
西寺雅也　800円

No.99
自治体の政策形成力
森啓　700円

No.100
自治体再構築の市民戦略
松下圭一　900円

No.101
維持可能な社会と自治体
宮本憲一　900円

No.102
道州制の論点と北海道
佐藤克廣　1,000円

No.103
自治基本条例の理論と方法
神原勝　1,100円

No.104
働き方で地域を変える
山田眞知子　800円（品切れ）

No.107
公共をめぐる攻防
樽見弘紀　600円

No.108
三位一体改革と自治体財政
岡本全勝・山本邦彦・北良治・逢坂誠二・川村喜芳　1,000円

No.109
連合自治の可能性を求めて
松岡市郎・堀則文・三本英司・佐藤克廣・砂川敏文・北良治他　1,000円

No.110
「市町村合併」の次は「道州制」か
森啓　900円

No.111
コミュニティビジネスと建設帰農
松本懿・佐藤吉彦・橋場利夫・山北博明・飯野政一・神原勝　1,000円

No.112
「小さな政府」論とはなにか
牧野富夫　700円

No.113
栗山町発・議会基本条例
橋場利勝・神原勝　1,200円

No.114
北海道の先進事例に学ぶ
宮谷内留雄・安斎保・見野全・佐藤克廣・神原勝　1,000円

No.115
地方分権改革の道筋
西尾勝　1,200円

No.116
転換期における日本社会の可能性～維持可能な内発的発展
宮本憲一　1,100円

[TAJIMI CITY ブックレット]

No.2
転型期の自治体計画づくり
松下圭一　1,000円

No.3
これからの行政活動と財政
西尾勝　1,000円（品切れ）

No.4
構造改革時代の手続的公正と第二次分権改革
鈴木庸夫　1,000円

No.5
自治基本条例はなぜ必要か
辻山幸宣　1,000円

No.6
自治のかたち、法務のすがた
天野巡一　1,100円

No.7
自治体再構築における行政組織と職員の将来像
今井照　1,100円（品切れ）

No.8
持続可能な地域社会のデザイン
植田和弘　1,000円

No.9
「政策財務」の考え方
加藤良重　1,000円

No.10
市場化テストをいかに導入するべきか
竹下譲　1,000円

No.11
市場と向き合う自治体
小西砂千夫・稲澤克祐 1,000円

[北海道自治研ブックレット]

No.1
市民・自治体・政治
再論・人間型としての市民
松下圭一　1,200円

No.2
議会基本条例の展開
その後の栗山町議会を検証する
橋場利勝・中尾修・神原勝
1,200円

No.3
福島町の議会改革
議会基本条例＝開かれた議会づくりの集大成
溝部幸基・石堂一志・中尾修・神原勝
1,200円

[生存科学シリーズ]

No.2
再生可能エネルギーで地域がかがやく
秋澤淳・長坂研・小林久 1,100円

No.3
小水力発電を地域の力で
小林久・戸川裕昭・堀尾正靭
1,200円＊

No.4
地域の生存と社会的企業
柏雅之・白石克孝・重藤さわ子
1,200円

No.5
地域の生存と農業知財
澁澤栄・福井隆・正林真之
1,000円

No.6
風の人・土の人
千賀裕太郎・白石克孝・柏雅之・福井隆・飯島博・曽根原久司・関原剛
1,400円

No.7
地域からエネルギーを引き出せ！　PEGASUS ハンドブック
（環境エネルギー設計ツール）
監修：堀尾正靭・白石克孝、著：重藤さわ子・定松功・土山希美枝
1,400円

No.8
地域分散エネルギーと「地域主体」の形成
風・水・光エネルギー時代の主役を作る
編：小林久・堀尾正靭、著：独立行政法人科学技術振興機構 社会技術研究開発センター「地域に根ざした脱温暖化・環境共生社会」研究開発領域 地域分散電源等導入タスクフォース
1,400円

No.9
省エネルギーを話し合う実践プラン46
エネルギーを使う・創る・選ぶ
編著：中村洋・安達昇
編者著：独立行政法人科学技術振興機構 社会技術研究開発センター「地域に根ざした脱温暖化・環境共生社会」研究開発領域
1,500円

No.10
お買い物で社会を変える！
編著：永田潤子
監修：独立行政法人科学技術振興機構 社会技術研究開発センター「地域に根ざした脱温暖化・環境共生社会」研究開発領域
800円

No.11
地域が元気になる脱温暖化社会を
「高炭素金縛り」を解く「共・進化」の社会技術開発
編著：堀尾正靭・重藤さわ子
監修：独立行政法人科学技術振興機構 社会技術研究開発センター「地域に根ざした脱温暖化・環境共生社会」研究開発領域
800円

[都市政策フォーラムブックレット]

No.1
「新しい公共」と新たな支え合いの創造へ
渡辺幸子・首都大学東京　都市教養学部都市政策コース　900円
（品切れ）

No.2
景観形成とまちづくり
首都大学東京　都市教養学部都市政策コース　1,000円

No.3
都市の活性化とまちづくり
首都大学東京　都市教養学部都市政策コース　1,100円

【京都府立大学京都政策研究センターブックレット】

No.1
地域貢献としての「大学発シンクタンク」
京都政策研究センター（KPI）の挑戦
編著　青山公三・小沢修司・杉岡秀紀・藤沢実
1,000円

No.2
もうひとつの「自治体行革」
住民満足度向上へつなげる
編著　青山公三・小沢修司・杉岡秀紀・藤沢実
1,000円

【朝日カルチャーセンター地方自治講座ブックレット】

No.1
自治体経営と政策評価
山本清　1,000円

No.2
ガバメント・ガバナンスと行政評価
星野芳昭　1,000円（品切れ）

No.4
「政策法務」は地方自治の柱づくり
辻山幸宣　1,000円

No.5
政策法務がゆく
北村善宣　1,000円

【政策・法務基礎シリーズ】

No.1
自治立法の基礎
東京都市町村職員研修所　600円（品切れ）

No.2
政策法務の基礎
東京都市町村職員研修所　952円

【自治体〈危機〉叢書】

2000年分権改革と自治体危機
松下圭一　1,500円

自治体連携と受援力
～もう国に依存できない
神谷秀之・桜井誠一　1,600円

自治体財政破綻の危機・管理
加藤良重　1,400円

住民監査請求制度の危機と課題
田中孝男　1,500円

政府財政支援と被災自治体財政
高寄昇三　1,600円

政策転換への新シナリオ
小口進一　1,500円

【単行本】

フィンランドを世界一に導いた100の社会改革
編著　イルカ・タイパレ
訳　山田眞知子　2,800円

公共経営学入門
編著　ボーベル・ラフラー
訳　みえガバナンス研究会
監修　稲澤克祐、紀平美智子
2,500円

変えよう地方議会
～3・11後の自治に向けて
編著　河北新報社編集局
2,000円

自治体職員研修の法構造
田中孝男　2,800円

自治基本条例は活きているか?!
～ニセコ町まちづくり基本条例の10年
編　木佐茂男・片山健也・名塚昭
2,000円

国立景観訴訟
～自治が裁かれる
編著　五十嵐敬喜・上原公子　2,800円

成熟と洗練
～日本再構築ノート
松下圭一　2,500円

地方自治制度「再編論議」の深層
監修　木佐茂男
著　青山彰久・国分高史一　1,500円

韓国における地方分権改革の分析～弱い大統領と地域主義の政治経済学
尹誠國　1,400円

自治体国際政策論
～自治体国際事務の理論と実践
楠本利夫　1,400円

自治体職員の「専門性」概念
～可視化による能力開発への展開
林奈生子　3,500円

アニメの像VS.アートプロジェクト～まちとアートの関係史
竹田直樹　1,600円

NPOと行政の《協働》活動における「成果要因」
～成果へのプロセスをいかにマネジメントするか
矢代隆嗣　3,500円

原発再稼働と自治体の選択
原発立地交付金の解剖
高寄昇三　2,200円